問題ですよ　辞書の日本語

本邦初公開の辞書のトンデモ日本語案内

山田詩津夫［著］

問題ですよ辞書の日本語

本邦初公開の
辞書の
トンデモ
日本語案内

開拓社

はじめに

辞書は絶対にただしく、まちがいなどひとつもない。多くの人がこのように思っています。かくいう私もそうでした。しかし、三十代から英和辞典編集の仕事をするようになって、国語辞典を引く機会が増えると、「なんだ、これは」と思うことがたびたびありました。英和辞典の仕事をするのに、なぜ国語辞典を引くのかと思われるかもしれませんが、英語の単語や表現にふさわしい日本語をさがしたり、漢字表記を確認したりするのに、国語辞典は手ばなせないのです。数種類の英語辞典（いわゆる英英辞典です）と国語辞典を読む毎日を送っているうちに、国語辞典に対する疑問と不信はますますふくらんでいきました。英語辞典とくらべると、ことばの意味説明が不十分または不適切なものがやたらに多いし、完全なまちがいもひとつやふたつではありません。日常よく使われる語にかぎるなら、どの辞書でも十語に一語以上の割合で問題を指摘できそうな感じです（これが決して誇張でないことは、本書を読んでいただければおわかりになると思います）。

たとえば、「ドッグ」を引くと、〝犬〟とあるだけです。これでは、「ドッグ」が「いぬ」と同じように使えることになってしまい、明らかに説明不十分です。また、「ゆでる」を引くと、〝熱湯で煮る〟というように説明されています。なにかを煮るときに熱湯を使うのは常識ですから、この説明はまったく意味をなしません。意味をなさないばかりか、温泉卵などは熱湯を使わずにゆでるので、まちがった説明です。さらには、「あに（兄）」「おとうと（弟）」「あね（姉）」「いもうと（妹）」という、基本中の基本のことばさえ、辞書は完全に誤解しています。『広辞苑』は「あに」を〝同じ親から生まれた年上の男〟と説明していますが、テストの答案ならこれはバツです（なぜバツなのか、すぐに知りたいかたは本文30ページの「問題5」をご覧ください）。「サンドバッグ」のように、まっかなうその説明をつけていることさえあります。どの辞書もサンドバッグに砂がはいっているといっていますが、サンドバッグに砂はひとつぶもはいっていません。

問題は意味説明だけでなく、漢字表記もかなりいい加減です。たとえば、おかねを「つかう」は「遣う」と書くと説明しながら、別項目のところではしれっと「おかねを使う」と書いていたりします。文法についての情報くらいは信頼できるだろうと思っていたら、これもまたひどい。特に自動詞と他動詞については、定義を無視して適当に自動詞・他動詞の判定をくだしています。

国語辞典とのつきあいが深まるにつれて、辞書の中の「問題な日本語」を見つけるのが私の趣味になりました。辞書の問題日本語の中には、こうしたらよくなる、という対案がすぐに浮かぶものもあれば、そうでないものもありました。そこで、ひとしきり考えてみるのですが、その過程で気づいたのは、いつもあたりまえのように使っている日本語が実はいまだ十分には解明されていない、という事実でした。私たちは毎日なに不自由なくことばを使っているので、ことばの本質または核心というべきものを会得しているはずです。しかし、それは経験的には知っているものの、うまく説明できない暗黙知にとどまっています。そのため、いつもただしく使いわけている「ゆでる」と「煮る」のようなことばでも、いざその意味をあきらかにしようとすると、途方にくれてしまうのです。いいかえるなら、ことばには私たちが気づいていない奥深さがある、ということです。

使いなれたことばの奥深さに気づくと、それを探求したくなります。私はひまを見ては簡単なことばを辞書で引いて、そのことばが十分に説明されているかどうか、不備やあやまりなどはないかをチェックするようになりました。辞書の問題点から、ことばの真相にせまろうと思ったのです。辞書の説明を手がかりにしていろいろ調べたり、考えたりするうちに、それまで気づかなかった日本語のいろいろな面が見えてくるようになりました。ことばの意味だけでなく、表記や品詞、語源などにも関心が広がっていきました。日本語や辞書について、私なりの発見がすこしずつふえ、理解も深まっていきました。国語辞典に関する書物はいくつもでていますが、私が考えているようなことを書いているものはひとつもないようです。そこで、私のささやかな知見を一般に公開しようと考え、本書を執筆しました。

本書でとりあげるのは「わんわん」などの擬声語、「あに」などの名詞、「ドッグ」などの外来語、「ゆでる」などの動詞、さらには自動詞と他動詞の分類の妥当性、和語の漢字表記のありかたなど、あわせて二十二項目です。項目の導入部は簡単な日本語クイズと、それについての問答です。問答には、赤塚不二夫さんの漫画『天才バカボン』のキャラクターによく似たバカドンとバカドンのパパが登場します。次のページからが本論で、その項目について辞書はどう考えているのか、それのどこが問題なのかを論じます。その過程で、これまで知られていなかった日本語の真相と辞書の実態をあきらかにしていきます。

本書を執筆するために調べた国語辞典は以下のとおりです。なお、本文でそれらを引用する際は、必要がある場合を除き、品詞や語義番号、用例などは省略します。

大型辞書
『日本国語大辞典』第二版、二〇〇〇年十二月二十日〜二〇〇二年一月二十日、小学館
中型辞書
『広辞苑』第七版第一刷、二〇一八年一月十二日、岩波書店
『大辞林』第四版第一刷、二〇一九年九月二十日、三省堂

『大辞泉』第二版第一刷、二〇一二年十一月七日、小学館
『デジタル大辞泉』（『大辞泉』のオンライン版。常時、情報が修正・追加される）

小型辞書

『岩波国語辞典』第八版第一刷、二〇一九年十一月二十二日、岩波書店
『旺文社国語辞典』第十一版重版、二〇二〇年、旺文社
『学研現代新国語辞典』改訂第六版第一刷、二〇一七年十二月十九日、学研プラス
『角川必携国語辞典』十一版、二〇一〇年十二月十五日、角川学芸出版
『三省堂国語辞典』第七版第一刷、二〇一四年一月十日、三省堂
『新選国語辞典』第十版第一刷、二〇二二年二月二十一日、小学館
『新明解国語辞典』第八版第一刷、二〇二〇年十一月二十日、三省堂
『明鏡国語辞典』第三版第一刷、二〇二一年一月一日、大修館書店

日本語に対するみなさんの関心と理解が深まり、国語辞典の品質が向上することに本書がすこしでも貢献できるなら、著者としてこれにまさる喜びはありません。

二〇二二年九月十四日

山田詩津夫

目次

問題1　犬のなき声の「わん」と「わんわん」、なく回数が多いのはどっち？

バカドンのパパ　それは「わんわん」に決まっているのだ。

バカドン　ブブー。正解は「どっちも同じ」だよ。

バカドンのパパ　「わん」と「わんわん」が同じ回数なわけないじゃないか。辞書を引いてみなさい。

バカドン　もう引いてあるよ。ほら、『広辞苑』のここを見てよ。

わん　犬の吠える声。

わんわん　犬の吠える声。

ねっ、どっちの説明もそっくり同じでしょ。だから、「わん」と「わんわん」はそっくり同じ意味で、なく回数にもちがいはない、っていうわけ。

バカドンのパパ　「わん」と「わんわん」が同じだなんて、『広辞苑』のその説明は犬も食わないようなしろものなのだ。

『広辞苑』によれば、ポチが「ここ掘れ、わんわん」となくても「ここ掘れ、わん」といてもまったく同じ、ということですね。ほかの辞書も同意見のようで、『大辞泉』は次のようにいっています。

わん　犬のほえる声を表す語。
わんわん　犬の鳴く声を表す語。

まさか、「わん」は犬の〝ほえる声〟で、「わんわん」は犬の〝鳴く声〟といううちがいがある、なんて妙な区別をしているとは思えないので、結局のところ、どっちも同じということでしょう。

「わん」も「わんわん」も犬のなき声をあらわす擬声語ですが、「わん」はそれ以上分解できない単純語で、「わんわん」は「わん」をふたつかさねた畳語です。単純語の「わん」は犬が短く一回だけないたことをあらわし、畳語の「わんわん」は犬が続けて二回以上ないたことをあらわします。つまり、単純語の「わん」は単数形で、畳語の「わんわん」はその複数形だ、と考えることができます。単数と複数の区別は、英語などのヨーロッパ語にはあっても、日本語にはないのかと思っていましたが、こんなところに単複の区別があったとは意外です。

擬声語に単数（より正確には、単発の声・音）と複数（連続的に反復される声・音）の区別があることは、日本語のごく初歩的な常識です。それなのに、辞書はこの常識にまったく無頓着で、単純語も畳語も同じように説明しています。猫の「にゃあ」と「にゃあにゃあ」、ネズミの「ちゅう」と「ちゅうちゅう」も次のとおりです。

にゃあ　猫の鳴き声を表わす語。〈『日本国語大辞典』〉

にゃあにゃあ　猫の鳴き声を表わす語。〈『日本国語大辞典』〉

ちゅう　ネズミの鳴き声を表す語。〈『大辞林』〉

ちゅうちゅう　ネズミ・スズメなどの鳴き声を表す語。〈『大辞林』〉

ほかの動物も同様で、牛の「もう」と「もうもう」、ヤギや羊の「めえ」と「めえめえ」、キツネの「こん」と「こんこん」もいけません。

もう　牛の鳴き声を表わす語。〈『日本国語大辞典』〉

もうもう　牛の鳴き声を表す語。〈『大辞泉』『大辞林』〉

めえ　山羊・羊・牛などの鳴き声を表わす語。〈『日本国語大辞典』〉

めえめえ　山羊《やぎ》の鳴き声を表す語。〈『大辞泉』〉

こん　狐の鳴き声を表す語。〈『大辞泉』〉
こんこん　狐の鳴き声を表す語。〈『大辞泉』〉

鳥はどうかと、カラスの「かあ」と「かあかあ」、キジの「けん」「けんけん」を引くと、こんな感じです。

かあ　カラスなどの鳴く声を表わす語。かう。〈『日本国語大辞典』〉
かあかあ　カラスの鳴き声を表す語。〈『大辞泉』〉
けん　（採録なし）
けんけん　キジ・キツネなどの鳴き声を表す語。〈『大辞泉』『大辞林』〉

動物の擬声語については、満足な説明がひとつもありません。

人間の擬声語、たとえば泣き声の「わあ」と「わあわあ」、悲鳴の「きゃあ」と「きゃあきゃあ」はどうでしょうか。

わあ　急に泣くときの声。わっ。〈『大辞泉』〉
わあわあ　《「わあ」を重ねた語》大声をあげて泣くさま。また、その声を表す語。わん

わん。〈『大辞泉』〉

きゃあ　驚き恐れて叫ぶ声。〈『広辞苑』〉

きゃあきゃあ　①泣き叫ぶ声。②戯れてわめき騒ぐ声。きゃっきゃ。〈『広辞苑』〉

これまた、単純語と畳語のちがいは存在しないかのような説明です。ところで、『広辞苑』は「きゃあ」の語義はひとつなのに、「きゃあきゃあ」はふたつあげています（実際には〝③猿などの鳴き声〞もありますが、これは人の発声ではないので除外します）。単発か連続かのちがいがあるだけで、どちらも同じような叫び声なので、あつかいをそろえるべきでしょう。

動物も人間もだめとなると、残るは無生物のだす音です。ものをたたいたときの音をあらわす「ぱん」と「ぱんぱん」を見てみましょう。

ぱん　（多く「と」を伴って用いる）物を勢いよく打ったり置いたりする高い音やそのさまを表わす語。〈『日本国語大辞典』〉

ぱんぱん　（多く「と」を伴って用いる）手を打ち合わせたり手で物をたたいたりする音を表わす語。〈『日本国語大辞典』〉

やっぱり、いけません。

単純語と畳語のちがいを辞書の編者が知らない、なんてことは考えられません。それなのに、なぜこんなことになっているのかというと、おそらく先行辞書の受け売りの結果でしょう。最初の辞書の説明を後続の辞書が考えなしにまねする、そのあとの辞書もそれにならう、というサイクルが延々とくり返されてきたものと思われます。ためしに、「わん」と「わんわん」について古い辞書を調べてみましょう。まずは、日本で最初の近代的国語辞典といわれる『言海』（大槻文彦編纂）ですが、一八八九年（明治二十二年）発行のこの辞書に「わん」と「わんわん」は採録されていません。その三十年後の一九一九年（大正八年）に発行された『大日本国語辞典　第四巻に〜ん』（上田万年、松井簡治著）を見ると、次のようにありました。

わん　唁（名、副）犬の吼ゆる聲。

わんわん　唁唁（名、副）犬の啼く聲。又、其の鳴聲より犬をいふ、幼児の語。

やっぱり思ったとおりです。後続の辞書はみなこれにならったのでしょう。辞書の意味説明を語釈といいますが、前掲の『大辞泉』の語釈は、文字の表記はちがうものの、文言はほとんど同じです。

ところで、日本語では名詞は単数と複数を区別しないのに、どうして擬声語だけは区別するのでしょうか。あれこれ考えてみたところ、どうやら視覚と聴覚のちがいが理由としてあげられそうです。「ひと」「いぬ」「ねこ」「き（木）」「いし（石）」「やま（山）」など、名詞として表現される事物は、ほとんどが目で見て把握できます。その際、目にするものは単数のこともあれば、複数のこともあります。また、「そら（空）」「みず（水）」のように、単数か複数かの区別ができないものもあります。そうした、名詞として表現されるものを人が認識するとき、たとえば「犬がいる」というとき、そこにいる犬は単数のこともあれば複数のこともあるわけですが、視覚的な刺激としてはどちらも一緒で、単数でも複数でもひと目で把握できます。

一方、擬声語として表現されるものは音なので、耳で聞いて把握します。耳からはいる音は、その性質上、瞬時に把握することができず、かならず一定の時間の経過を必要とします。犬が「わん」と一回だけないた場合には、「わん」のあとに時間的な空白、すなわち「ま」があります。その「ま」があって、はじめて「わん」をひとつのまとまりとして把握するわけです。そして、犬が「わんわん」と二回以上続けてないた場合は、最初の「わん」と次（以降）の「わん」とのあいだに空白の時間はなく、「わんわん」というくり返しをひとつのものとして把握することになります。視覚的にひと目で認識する犬などは、単数でも複数でも人間が受けとる感覚的刺激としては特にちがいがありませんが、音として聴覚的に認識する「わん」と「わんわん」などは、感覚的刺激として明瞭なちがいがあるわけです。日本語では、その感覚的刺激のちがいを大事にして、「わん」という単発の刺激に対しては単純語を使い、「わんわん」という連続的刺激に対しては畳語を使って区別しているのではないかと思われます。

最後に、「わん」と「わんわん」は、犬の「なく」声か、それとも「ほえる」声かについて考えてみましょう。『大辞泉』は「わん」を〝犬のほえる声〟、「わんわん」を〝鳴く声〟としていました。『広辞苑』はどちらも〝吠える〟、『三省堂国語辞典』はそれぞれ〝鳴く声〟〝鳴き声〟としています。「なく」は、「鳥がなく」「犬がなく」「猫がなく」「虫がなく」「カエルがなく」というように、動物が声をだすこと一般について広く使えますね。それに対して、「ほえる」は犬や猛獣などが威嚇などの目的で大きな声をだすことをいいます。「わん」と「わんわん」はどちらも犬の典型的ななき声なので、「ほえる」よりも「なく」のほうがふさわしい、といえそうです。

問題2　「にこにこ」と「にこっ」、ほほえむ時間が長いのはどっち？

バカドンのパパ　それは「にこにこ」なのだ。

バカドン　ブブー。正解は、やっぱり「どっちも同じ」だよ。

バカドンのパパ　どうしてなのだ。辞書にそう書いてあるのか。

バカドン　はっきりとは書いてないけど、辞書の説明はどっちも同じようなもので、『大辞林』はこういってるよ。

にこにこ　声をたてず表情だけでうれしそうに笑うさま。にっこり。

にこっと　にこやかに笑うさま。にこりと。

どっちも〝笑うさま〟とあるでしょ。だから、ほほえむ時間にちがいはない、ってことになるね。

バカドンのパパ　でも、「一日中にこにこしている」とはいっても、「一日中にこっとしている」とはいわないぞ。やっぱり、「にこにこ」のほうが時間が長いのだ。

「にこにこ」と「にこっ（と）」はどうちがうのか、どの辞書を見てもまったくわかりません。類語の「にこり」「にっこり」も、『大辞林』によれば次のとおりです。

にこり（多く「と」を伴って）にこやかにほほえむさま。にっこり。

にっこり　いかにもうれしそうに笑うさま。

前ページの「にこにこ」とここの「にこり」には同義語として「にっこり」がはいっていて、前ページの「にこっと」には「にこりと」がはいっています。つまり、「にこにこ」と「にこり」、「にっこり」は同義で、「にこっと」は「にこりと」すなわち「にこり」に同じなので、結局のところ、この四語はみな同じ意味だ、ということになります。これは、いくらなんでもあんまりでしょう。

「にこにこ」や「にこっ」「にこり」「にっこり」など、音のしない動作などについて、いかにもそれらしい音であらわしたことばを擬態語といいますが、擬態語にも単数と複数の区別があります。たとえば、「ウサギがぴょんとはねた」の「ぴょん」という単純語は一回の動作をあらわし、「ウサギがぴょんぴょん（と）はねた」の「ぴょんぴょん」という畳語は複数回くり返される動作をあらわします。笑う動作も同じで、「にこっ」「にこり」「にっこり」という単純語は一回ほほえむ動作をいい、「にこにこ」という畳語は複数回連続してほほえむこと、または継続的にほほえんでいる状態を意味します。

「にこっ」「にこり」「にっこり」はみな一回の動作ですが、「にこり」はすぐに終わるちいさな動きで、「にっこり」はちょっと時間をかけた、やや大きな動きですね。「にこっ」は「にこり」と「にっこり」の中間という感じで、すばやく、そしてやや大きくほほえむ、といったところでしょうか。

この意味のちがいは、用法のちがいに通じています。「にこり」は「にこりともしない」という否定形でもよく使われますが、「にっこり」と「にこっ」は、「にっこりともしない」「にこっともしない」というような否定形ではあまり使いません。インターネットの図書館ともいうべき青空文庫を検索したところ、「にこりともしない」（およびその変形）は二十件、「にっこりともしない」（およびその変形）は十件で、「にこっともしない」はゼロという結果でした。やはり、否定形は「にこりともしない」がもっとも普通だといえます。

否定形は「にこり」が普通なのには理由がありそうです。「にっこり」と「にこっ」よりも、「にこり」のほうがちいさな動きだからではないでしょうか。なにかをしない、という否定の意味を強めるときは、ちょっとしたことさえしない、という表現を使いますね。たとえば、「びた一文払わない」とか、「虫一匹殺さない」とはいいますが、「びた十文払わない」とか、「ねずみ一匹殺さない」などとはいいません。十文やねずみでは、大きすぎて感じがでないからでしょう。それと同じで、ほんのちょっとほほえむことさえもしない、実に愛想のない態度を強調するには、一番ちいさな動きである「にこり」がもっともふさわしいといえます。

「にこっ」と「にっこり」「にこり」とのあいだには、ほかにもちがいがあります。「にこっ」と「にこり」は動詞が続くときは「にこっと笑う、にこりと笑う」、「にこっとする、にこりとする」のように、かならず助詞「と」がはいりますが、「にっこり」は「にっこりと笑う、にっこり笑う」、「にっこりとする、にっこりする」というように、助詞「と」はあってもなくてもかまいません。ほかの擬態語や擬声語も同じで、水を「ごくりと飲む」「ごくごく（と）飲む」、水滴が「ぽたりと落ちる」「ぽたぽた（と）落ちる」、犬が「わんとなく」「わんわん（と）なく」のように、畳語では「と」あり・なしの両方が可能です。三拍と二拍の語は不安定なためか、ほかの語を続けるときには「と」が必要ですが、四拍の語は安定しているのか、「と」がなくてもそのまま動詞を修飾できるようです。この現象の裏には、なにか理由がひそんでいそうな気がするのですが、いまのところは皆目見当がつきません。

ところで、辞書はどういうわけか「にこっ」だけを「にこっと」で見だしにしていますが、このあつかいは疑問です。「にこっ」は「にこり」の促音便形で（促音便とは、語中・語末の「り」などが「っ」に変化すること)、意味・用法はどちらもほぼ同じです(すでに述べたように、こまかいニュアンスはことなります)。「にこり」も、文の中で使うときはかならず「と」をつけるので、「にこっ」だけを「にこっと」で一語あつかいするのは理屈にあいません。それに、たとえば漫画でほほえんだ表情に文字をそえるとしたら、「にこっと」じゃなくて、「にこっ」でしょう。やっぱり「にこっ」で一語だという意識が働いているからそうなるわけです。また、浮気な男が恋人に「あなた、私になにか隠していることがあるでしょ」などといわれたとき、「ぎくっ」ということはあっても、「ぎくっと」とは絶対にいわないはずです。「にたっ」「にやっ」「にかっ」なども同じです。それなのに、辞書はこれらをみな「と」をつけた形で見だしにしています(「にやっ」は見だし自体がありませんが)。冒頭に引用した『大辞林』は「にこっと」で見だしにしていて、同義語に「にこりと」をいれています。しかし、「にこりと」という見だしはありません。あるのは「にこり」です。「にこりと」を単語あつかいするという無理をとおすから、こういう不整合が生じてしまうわけです。

笑う様子をあらわす擬態語は、ほかに「にやり」「にやにや」、「にたり」「にたにた」、そして「へらへら」などがありますが、これらについて辞書はどう説明しているのでしょうか。

にやり　得意なときや、してやったと思ったときなどに思わず笑いを浮かべるさま。〈『広辞苑』〉

にやにや　独りで悦に入ったり、照れたり、おかしかったりして薄笑いを浮かべるさま。〈『広辞苑』〉

にたり　声を出さずに、薄気味の悪い笑いを浮かべるさま。〈『大辞泉』〉

にたにた　薄気味悪く笑う表情をするさま。〈『大辞泉』〉

へらへら　軽薄に笑うさま。また、あいまいに笑うさま。〈『大辞林』〉

どれも〝浮かべるさま〟〝表情をするさま〟〝笑うさま〟となっています。「にやり」「にたり」は一回の動作をあらわし、「にやにや」「にたにた」「へらへら」は継続的な動作・状態をあらわす、という肝心な点がすっぽりと抜け落ちています。

笑い以外の擬態語はどうでしょうか。たとえば「くらり」と「くらくら」。

くらり　目まいなどのするさま。〈『広辞苑』〉

くらくら　めまいがするさま。〈『広辞苑』〉

これまた一緒くたです。ちょっと話が横道にそれますが、「くらり」では「目まい」、「くらくら」では「めまい」と表記が不統一で、こうして並べて見ると、なんだか気になりますね。一般読者にはどちらでもよいことですが、編集的な観点からは好ましくないとされています。また、「くらり」の語釈は〝目まいなどのするさま〟と「など」がついているのに、「くらくら」は〝めまいがするさま〟と「めまい」に限定しています。この説明を杓子定規に受けとると、「くらり」はめまい以外にも使われるが、「くらくら」はめまいだけに使うということになりますが、そんなことはないでしょう。

ところで、擬声語と同じように、擬態語にも単数と複数の区別があるのはなぜでしょうか。動作を修飾する擬態語は、擬声語と同じように、時間の流れの中で認識することがらをあらわすことばだから、というのが理由と思われます。人が「にっこり」笑うとき、普通の表情から笑顔にかわり、それがまたもとの表情にもどります。一方、「にこにこ」は笑顔が一定時間継続します。短時間のうちにおわる動作と一定時間継続する動作は区別されるので、それに応じて単純語と畳語の擬態語が使われるのでしょう。

なお、畳語の擬態語には、「ズボンがぶかぶかだ」というときの「ぶかぶか」などもあります。この「ぶかぶか」はズボンの動きをあらわしているのではなく、ズボンの状態をあらわしているので、「にこにこ」などとは区別されます。「にこにこ」など、動きをあらわすことばは副詞、「ぶかぶか」のように、ものなどの状態をあらわすことばは形容動詞とされています。形容動詞という品詞が認められるかどうかは議論のあるところですが、これらを別の品詞とするのは妥当と思われます。

問題3　せきの「ごほごほ」と「こん」では、どっちが軽い？

バカドンのパパ　「ごほごほ」よりは「こん」のほうが軽いだろう。
バカドン　おおはずれー。正解は「ごほごほ」だよ。「こん」は強いせきのことだね。
バカドンのパパ　そんなめちゃくちゃな日本語が一体どこにあるのだ？
バカドン　どこって、辞書の中だよ。『大辞泉』を見てよ。

ごほごほ　軽く咳《せき》をする声を表す語。ごほんごほん。
こん　強くせきをする声を表す語。

「ごほごほ」は〝軽く咳《せき》をする声〟といっていて、「こん」は〝強くせきをする声〟っていってるでしょ。
バカドンのパパ　それじゃあなにか、戸を軽くたたくのは「どんどん」で、強くたたくのが「とん」なのか。そんなばかなことは、絶対にないのだ。

『大辞泉』は「ごほん」と「こんこん」もおかしな説明をしています。

ごほん　咳《せき》をするときの声を表す語。

こんこん　せきをするときの声を表す語。

文字の表記がちがうだけで、説明文の文言はまったく一緒です。つまり、軽くも強くもない普通のせきが「ごほん」と「こんこん」で、軽いせきが「ごほごほ」と「ごほんごほん」、強いせきが「こん」だということです。なんともユニークな解釈があったものです。

ほかの辞書はどうしているのか、『大辞林』を引いてみましょう。

ごほごほ　咳《せき》をする音を表す語。

ごほん　咳《せき》をする音を表す語。

こん　咳《せき》の音を表す語。

こんこん　咳をする時の声を表す語。

どれも内容的には一緒で、「ごほごほ」と「ごほん」はうりふたつです。この四語は同義語だと考えているようです。

『広辞苑』も見てみましょう。

ごほごほ　咳《せき》などの音。ごほんごほん。
ごほん　咳《せき》をする音。咳払いにもいう。
こん　咳《せき》の音。
こんこん　軽い咳を続けてする音。

「ごほごほ」「ごほん」「こん」はほとんど一緒ですが、最後の「こんこん」は〝軽い咳を続けてする音〟といっています。十二度めの正直で、やっとまともな語釈にであえました。やれやれ。

辞書の解釈はさておき、私たちが使っている普通の日本語では、軽い単発のせきが「こん」または「こほん」で、それが連続する場合が「こんこん」または「こほんこほん」ですね。そして、重い単発のせきは「ごほ」「ごほん」「げほ」「げほん」などで、その連続が「ごほごほ」「ごほんごほん」「げほげほ」「げほんげほん」などです。ちなみに、「こほんこほん」は『日本国語大辞典』に採録されていますが、「こほん」「ごほ」「げほ」「げほん」「げほげほ」「げほんげほん」はどの辞書にもありません。

「こんこん」の「こ」のような音は「清音」（すんだ音）といい、「ごほごほ」の「ご」のように、かなに濁点（゛）のついた音は濁音（にごった音）といいます。そして、「ぱ」のように半濁点（゜）のついた音は半濁音と呼ばれます。一般的にいって、清音の擬声語・擬態語よりも濁音の擬声語・擬態語のほうが強い程度をあらわします。たとえば、「戸をとんとんたたく」と「戸をどんどんたたく」では、「どんどん」のほうがたたく力が強く、大きな音がします。また、軽いものが連続してころがるのは「ころころ」で、大きくて重いものは「ごろごろ」です。せきの場合も同様で、軽くちいさな音が連続するときが「こんこん」で、重く大きな音が連続するときが「ごほごほ」ですね。「ごほん」と「ごほごほ」は、せきの音量としては同じくらいかもしれませんが、単発か連続かのちがいがあるので、単発の「ごほん」のほうが連続する「ごほごほ」よりも軽いといえます。なお、半濁音と濁音とでは、濁音のほうが強くて大きい音をあらわします。「戸をぱたんとしめる」と「戸をばたんとしめる」では、「ばたん」のほうが勢いが強くて、大きな音です。

清音と濁音、半濁音にはこのような意味のちがいがあるわけですが、それはごく自然なものに感じられます。なぜでしょうか。すこし考えてみたところ、どうやら発音のしかたと関係がありそうです。清音は一般には、カ・サ・タ・ハ行の音（および「キャ」「キュ」「キョ」など、その拗音）をさしますが、これらはみな無声音の子音 [k, s, t, h] ではじまっています。一方、濁音はガ・ザ・ダ・バ行の音（および「ギャ」「ギュ」「ギョ」など、その拗音）で、これらは有声音の子音 [g, z, d, b] ではじまります。無声音は声帯をふるわせずにだす音で、有声音は声帯をふるわせてだす音です。のどに手をあてて「ク」と「グ」を発音すると、「グ」のときはのどに力がはいって、すこしふるえるのがわかります。「ク」と発音するよりも、「グ」と発音するほうが強い力を使うのです。清音か濁音かによって、擬声語と擬態語に強弱のちがいがあるのは、この発音時の力の強弱が反映されているようです。

　では、半濁音の場合はどうでしょうか。「パ」のような半濁音は、[p] の子音ではじまる無声音で、声帯はふるえません。[p] は口をひらいてだす [h] の音とちがって、とじた唇を急にはじくようにして、口の中にたまった呼気を一気にはきだしてつくる音です（専門的には、無声両唇破裂音といいます）。つまり、[h] の音を発音するよりも強い力を必要とします。しかし、同じようにとじた唇をはじくようにして発音する有声音の [b] ほどの大きな力ではありません（[b] の音は有声両唇破裂音といいます）。つまり、清音と濁音の中間ということができます。清音、濁音、半濁音の擬声語・擬態語の意味のちがいと、この発音のしかたのちがいはよく対応しています。

　清音と濁音、半濁音から受ける印象のちがいは、擬声語・擬態語以外にもあてはまります。怪獣のゴジラの名前は「ゴリラ」と「クジラ」を合成したものですが、いかにも強そうな感じがします。ゴ・ジと濁音（すなわち有声音）がふたつ続いていることが大きく影響していそうです。もしそれが清音（無声音）のコシラだったら、なんだか弱そうです。一般的にいって、あることばを聞いたときの印象と、その発音のしかたの間には、興味深い関係があるようです。余談ですが、ゴジラは英語でGodzilla /gadzílə/ といいます。日本語の「ゴジラ」の音に似せて、god（神）とlizard（トカゲ）を合成した名前だと一般に思われていますが、真偽のほどは不明です。

問題4 「こけこっこう」となくのは、なに？

バカドンのパパ　それはもちろん「おんどり」なのだ。

バカドン　ああ、おしい！　正確には「にわとり」だね。

バカドンのパパ　なにをいっているのだ、「にわとり」よりも「おんどり」のほうが正確じゃないか。同じにわとりでも、めすは「こけこっこう」とはなかないぞ。

バカドン　そうなの？　でも、辞書はどれも「にわとり」としかいってないよ。『三省堂国語辞典』だって、

こけこっこう　ニワトリの鳴き声。

といってる。

バカドンのパパ　それは辞書の説明が結構じゃないのだ。もしこれが国語のテストなら、わしの答えは二重マルだが、辞書の答えは半マルだぞ。

確かに、「にわとり」よりは「おんどり」のほうが正確ですね。それなのに、どの辞書も『三省堂国語辞典』と同じで、「にわとり」としかいっていません。これではめんどりも「こけこっこう」となくことになりますが、そうなくのはほとんど例外なくおんどりです。しかも、普通は夜あけ前後の時間にかぎられています。そのため、「こけこっこう」となくことを「時をつくる」といいますね。こんなのは常識中の常識で、辞書が知らないはずはないと思うのですが、なんだかあやしい感じです。たとえば、「めんどり歌えば家ほろぶ」ということわざを『大辞泉』で引くと、こう説明されています。

雌鶏歌えば家滅ぶ　めんどりがおんどりに先んじて時を告げるのは不吉なきざしである。妻が夫を出し抜いて権勢をふるうような家はうまくゆかず、やがて滅びるというたとえ。

〝めんどりがおんどりに先んじて時を告げるのは〟といっています（『日本国語大辞典』もほぼ同じ説明）。どうやら、めんどりはおんどりのあとに時をつげるものだ、と誤解しているようです。

めんどりのなき声は、「こけこっこう」ではなく「こっこっ」です。おすも普段のなき声はこちらです。〝ニワトリの鳴き声〟という説明は、この「こっこっ」のほうこそふさわしいのですが、なぜかどの辞書にも「こっこっ」がありません。辞書の世界では、にわとりは「こけこっこう」となくものと決まっているようです。

にわとりに二種類のなき声があるように、ほかの鳥にも二種類（以上）のなき声があります。ウグイスは「ほうほけきょ」、カッコウは「かっこう」、ホトトギスは「てっぺんかけたか」、キジは「けん」または「けーん」となくものだ、と一般に思われています。しかし、実をいうと、それらはおすが繁殖期に縄張りを主張したり、めすに求愛したりするときに発する声で、正式には「さえずり」といいます。そうした鳥の声が聞こえるのは春先とか、季節がかぎられていますね。「さえずり」以外の声は「じなき（地鳴き）」といい、これはおすとめすとで区別がありません。

にわとりの「こけこっこう」はおす特有のさえずりで、「こっこっ」は地鳴きです。ウグイスの地鳴きは、野鳥観察の本（『山溪フィールドブックス④　野鳥』山と溪谷社、一九九一）によると、「ちゃっちゃ、ちゃっちゃ」といった感じのようです（この聞きなしは、本によって多少ちがいます）。ちなみに、コオロギやセミなどの昆虫も、そしてカエルも、なくのはほとんどがおすで、やはり繁殖期に縄張りを主張したり、めすに求愛したりするためです。鳥の声で、季節や時間に関係なくいつでも聞こえるもの、たとえばカラスの「かあかあ」、スズメの「ちゅんちゅん」、トンビの「ぴいひょろろ」などはみな地鳴きです。

鳥のなき声にはこのようなちがいがあるのですが、はたして辞書はそれがわかるような説明をしているのでしょうか。

ほうほけきょ　ウグイスの鳴き声を表す語。〈『大辞泉』〉

てっぺんかけたか　ホトトギスの鳴き声を表す語。また、ホトトギスの別名。ほぞんかけたか。〈『大辞泉』〉

けんけん　キジ・キツネなどの鳴き声を表す語。〈『大辞林』『大辞泉』〉

かあかあ　カラスの鳴き声を表す語。〈『大辞泉』〉

ちゅんちゅん　（「と」を伴って用いることもある）雀（すずめ）などの鳴き声を表わす語。〈『日本国語大辞典』〉

残念ながら、だれもが知っていることしか書いてありませんね。

今の辞書は、知らないことばの意味を知るためには有益ですが、知っていることばを引いて勉強になることは、あまりありません。自分がすでに知っていることばについて理解を深めたり、新しい発見をしたりすることができるような辞書ができたらいいのに、と切に思います。たとえば、「こけこっこう」と「こっこっ」を引いたとき、次のような説明があったら、どうでしょうか。

こけこっこう　おんどり（＝おすのにわとり）がおもに早朝になく声をあらわした擬声語。▼このなき声は、おすがめすに求愛したり縄張りを主張したりするときに発する「さえずり」で、普段のなき声である「じなき（地鳴き）」の「こっこっ」と区別される。

こっこっ　にわとりの普段のなき声をあらわした擬声語。▼これはおす・めすに共通の「じなき（地鳴き）」で、おんどりが時をつくる声の「こけこっこう」と区別される。

これなら、「へー、そうだったのか。知っていることばを辞書で引いてみるのもおもしろいものだな」と思うのではありませんか。そして、補足説明にある「さえずり」や「じなき」ということばを引いてみると、そこから「ほうほけきょ」「かっこう」「けんけん」などもおすだけの声だということを知ることができます（「さえずり」「じなき」には、それぞれ具体例が示されているものとします）。そういう辞書があったらいいと思いませんか。

最後に、「さえずり」と「じなき」についての辞書のあつかいも見ておきましょう。まずは、『大辞泉』。

さえずり【×囀り】鳥などがさえずること。また、その声。

じなき【地鳴き】繁殖期の鳥のさえずりに対して、平常の鳴き方のこと。

「さえずり」は〝鳥などがさえずること〟とありますが、「さえずる」を引くと、語義の❶に〝小鳥がしきりに鳴く〟とあるだけで、おす特有のなき声の意味がありません。「じなき」には〝繁殖期の鳥のさえずりに対して〟とあるのに、その意味が「さえずり」にないのは困ります。ついでにいうと、〝繁殖期の鳥のさえずりに対して〟は〝繁殖期のおすの鳥のさえずりに対して〟としたほうが正確ですね。

では、『大辞林』はどうかでしょうか。

さえずり【▼囀り】鳥がさえずること。また、その声。特に、繁殖期に主として雄が発する特徴のある美しい鳴き声。季 春。《—をこぼさじと抱く大樹かな／星野立子》↓地鳴き。

じなき【地鳴き】鳥の雌雄が通年発する鳴き声。繁殖期の「さえずり」に対していう。

「さえずり」には専門的な意味があり、「地鳴き」も参照させています。そして、「じなき」には「さえずり」と対比して使われることが示されていて、これは問題なしです（『広辞苑』も同様）。ただ、おしむらくは「さえずり」にも「じなき」にも、その具体例が示されていないことです。これでは、どういう声がさえずりなのか、地鳴きなのかがわかりません。「さえずり」の例には「こけっこっこう」「ほうほけきょ」「かっこう」「けんけん」などがあり、「じなき」には「かあかあ」「ちゅんちゅん」などがあることを加えれば、読者に対してずっと親切なものになると思うのですが。

問題5　ふたごの「あに（兄）」と「おとうと（弟）」、どっちが年上？

バカドンのパパ　こんな見え見えの引っかけ問題は、わしには通用しないのだ。答えは、もちろん「あに」ではなくて、「どちらでもない」なのだ。

バカドン　残念、正解は「あに」でいいんだよ。

バカドンのパパ　バカドン、ばかも休み休みいってくれ、なのだ。ふたごは同じ日に生まれるんだぞ。なのに、なんで一方が年上になるのだ？

バカドン　それはそうだけど、とにかく辞書によれば、兄はいつでも年上だよ。『岩波国語辞典』もこう説明している。

あに【兄】同じ親から生まれた年上の男。更に広く、義兄。すなわち夫・妻の兄、姉の夫。↕弟

バカドンのパパ　辞書は神さまではないから、まちがえることもあるのだ。こんな基本語をまちがえるのは、ちょっと情けないけどな。

辞書はうっかりしているようですが、兄が年上でないケースはそれほどめずらしくはありませんね。出産総数のうち、一パーセントほどは複産、すなわちふたごなど多胎児の出産ですから。多胎児の場合、兄（または姉）も弟（または妹）も普通は同じ日に生まれるので、どちらかが年上になることはありません。それでも、先に生まれたほうが兄（または姉）になります。

昔はふたごはあとから生まれたほうが兄または姉になるという風習もありましたが、今は自然分娩の場合も、帝王切開による場合も、先に体外にでたほうが兄または姉になることが正式に決まっています。子どもが生まれると、出生届に父母との続き柄を記入しますが、出生証明書に書かれた「生まれたとき」の時間の早いほうから順に序列をつける規則になっているのです（ただし、嫡出子の場合のみです。これについては章末の注を参照。以下、注とある場合はすべて章末をご覧ください）。

また、多胎児でなくても、同じ年の一月と十二月に生まれた兄弟などは年齢が一緒の時期があります。ですから、「あに」の語釈に「年上」ということばを使うのはまちがいで、次のように説明しなくてはなりません。

あに【兄】 同じ親から生まれた子どもたちのうち、先に生まれたほうの男。

それにしても、こんな基本的なことばをどの辞書もみな一様にまちがえていて、それがずっと気づかれずにきたなんて、本当に不思議です。『新明解国語辞典』主幹の山田忠雄さん（故人）は、一九七二年発行の初版の序で次のように述べています。

思えば、辞書界の低迷は、編者の前近代的な体質と方法論の無自覚に在るのでは無いか。先行書数冊を机上にひろげ、適宜に取捨選択して一書を成すは、いわゆるパッチワークの最たるもの、所詮、芋《いも》辞書の域を出ない。その語の指す所のものを実際の用例についてよく知り、よく考え、本義を弁えた上に、広義・狭義にわたって語釈を施す以外に王道は無い。辞書は引き写しの結果ではなく、用例蒐集と思索の産物でなければならぬ。

まことにもっともだと思いますが、この「あに」の例を見ると、王道をあゆんでいる辞書はひとつもないようです。〝その語の指す所のものを実際の用例についてよく知り、よく考え、本義を弁えた上に、広義・狭義にわたって語釈を施す〟のは手間ひまがかかるので、つい〝引き写し〟という安直な方法をとってしまうのでしょう。では、ここでの〝引き写し〟のおおもとはどこなのか、ちょっと調べてみることにしましょう。まずは、元祖『言海』をあたってみます。

あに （名）兄（一）同ジ親ニ生マレタル男子ノ先ニ生レタルモノ。エ。セ。イロセ。コノカミ。

これは意外です。〃先ニ生レタルモノ〃とただしく説明しています（ちなみに、語釈中の〃エ。セ。イロセ。コノカミ〃は同義語です）。

ということは、「わん」と「わんわん」のときと同じように、これも後発の『大日本国語辞典』がおおもとでしょうか（角括弧内は引用者による注記です。以下同）。

あに 兄 **（名）** **一** 同じ親に生まれたる、年上の男子。え。せ。いろせ。このかみ。せうと。いろえ。［以下略］

案の定、〃年上の男子〃と、現行辞書と同じ説明です。『大日本国語辞典』は、なぜ『言海』のただしい説明をわざわざまちがった説明に変えたのでしょうか。もしかしたら、語釈としてはこちらのほうが簡潔で、いっている内容は同じだと早合点したのかもしれません。逆に考えると、『言海』の著者が〃同ジ親ニ生マレタル男子ノ先ニ生レタルモノ〃と、やや冗長に感じられる説明にしたのは、ふたごなどの例があることをただしく認識していて、正確さを重んじた結果なのかもしれません。後続の辞書は、両者の語釈を注意深く比較検討せずに、

『大日本国語辞典』の説明を受け売りしてしまったようです。

話を「あに」に戻しましょう。最初に引用した『岩波国語辞典』は血のつながった「あに」のほかに、自分または自分の姉が結婚することによってできる「義理の兄」の意味ものせていました。しかし、「あに」ができるのはそのケースだけではありません。すでに子どものいる親が養子をもらった場合や、養子をもらったあとに実の子ができた場合、あるいは、養子をふたり以上もらった場合も、子ども同士の関係では、先に生まれた男の子が「あに」になります。また、連れ子のいる男女が結婚した場合も同様です（ただし、この場合は法的な兄弟関係はありません）。こうしたケースの「あに」は「義兄」「義理の兄」「ままあに（継兄）」などとも呼ばれています。そこで、辞書の語義には、

養子縁組または親の再婚により、同じ親をもつことになった子どもたちの中で、先に生まれたほうの男。

というような情報を追加する必要があります。ついでにいうと、「義兄」「義姉」「義弟」「義妹」「義兄弟」、そして「義理」の婚姻関係をあらわす語義も修正が必要です。辞書はみな、養子縁組や親の再婚によるものを見落としていますから。たとえば、『岩波国語辞典』の「ぎけい」は次のとおりです。

ぎけい【義兄】義理の兄。姉の夫、または配偶者の兄など。

ここでは「あに」を例にとりましたが、「あね」「おとうと」「いもうと」も辞書はみな同じまちがいをおかしています。それにしても、最初の辞書がただしい説明をつけているのに、後発の辞書がまちがえて、そのまちがいが百年以上も引きつがれてきたなんて、こんなうそみたいな話が本当にあるんですね。世の中、おもしろいものです。

注　戸籍では、正式な夫婦から生まれた子（嫡出子、婚内子）の場合は父母との続き柄を「長男」などと記入するのですが、そうでない子（非嫡出子、婚外子）の場合は単に「子」ですませているなど、嫡出子と非嫡出子とではあつかいがことなります。これは、そうした子どもにとって、いわれなき差別のように思えます。この問題について、社会民主党の福島瑞穂さんが二〇〇〇年五月十日に「戸籍の続柄欄の記載に関する質問主意書」を国会に提出しているので、その一部を紹介します。

現行の続柄記載方法は、必ずしも一般人の感覚には合致しない場合が存在する。例えば、再婚の夫婦の場合、同一戸籍内に複数の長女等が存在することがあり得ること、特別養子の続柄記載について、婚内子同様の記載がなされるため同戸籍内に入っている実子の続柄が変更されることがあること、及び双子等の場合にも出生順により長女等の記載をするなどである。

戸籍の上では、長男、次男などの序列がないケースや、逆に複数の長男や長女がいたりするケースがあるなど、兄弟姉妹の関係は複雑怪奇なようです（右の質問主意書とその政府答弁については次のウェブページで見ることができます）。

http://www.sangiin.go.jp/japanese/joho1/kousei/syuisyo/147/syuh/s147030.htm

http://www.sangiin.go.jp/japanese/joho1/kousei/syuisyo/147/touh/t147030.htm

問題6　「きょうだい（兄弟）」に、「あに（兄）とおとうと（弟）」の意味はある？

バカドンのパパ　そりゃあ、当然あるに決まっているのだ。

バカドン　ブブー。辞書の半数ほどはその意味をのせていないので、「特にあるとはいえない」が正解だよ。

バカドンのパパ　でも、「兄弟」は「兄と弟」の意味で使うじゃないか。

バカドン　まあ、そうだけど。辞書の半分はその意味ものせているから、あるといえばあるけど、絶対にあるというものでもない、ということだね。この『明鏡国語辞典』だって、その意味をのせてないでしょ。

きょうだい【兄弟】同じ親から生まれた間柄（の人たち）。＝「━は三人です」「兄二人、妹一人の四人━」

バカドンのパパ　でも、男も女も一緒の説明だと、「兄弟姉妹」をただしく理解できないのだ。この場合の「兄弟」は、男だけをさしているのだから。

『明鏡国語辞典』だけでなく、『広辞苑』『岩波国語辞典』『旺文社国語辞典』『学研現代新国語辞典』『新選国語辞典』『新明解国語辞典』も「きょうだい」に「兄と弟」の意味をのせず、男女を区別しない意味だけですませています。しかし、「兄弟姉妹」のように「姉妹」と対比して使う場合は、あきらかに「兄と弟」の意味であって、男女を区別しない「きょうだい」とはちがいます（ここでは男女を区別しない「きょうだい」はかな書きにします）。また、史上初の「兄弟」横綱になった若乃花勝さんと貴乃花光司さんは兄と弟であって、兄と妹でも、姉と弟（または妹）でもありません。「きょうだい」には「兄と弟、兄または弟」の意味は絶対に必要です。『明鏡国語辞典』自身も、この意味で「兄弟」を使っています。「おじ」「いとこ」の語釈をご覧ください。

おじ【《伯父》・《叔父》】父または母の兄弟。また、おばの夫。

いとこ【〈従兄弟〉・〈従姉妹〉】本人から見て、父または母の兄弟・姉妹の子。また、その間柄。

「おじ」を〃父または母の兄弟〃と説明しています。先ほどの語釈〃同じ親から生まれた間柄（の人たち）〃をここで使われている「兄弟」にあてはめると、〃父または母と同じ親から生まれた間柄（の人たち）〃となり、「おじ」は男でも女でもよいことになってしまいますが、それはありえません。また、「いとこ」の語釈では〝父または母の兄弟・姉妹の子〟といっていて、「姉妹」と対比する形で「兄弟」を使っています。

『日本国語大辞典』などは、男の兄弟の意味と、男女を区別しないで使う意味の両方をあげています（『大辞泉』『大辞林』『三省堂国語辞典』『角川必携国語辞典』も同様）。

① 兄と弟。また、その関係。けいてい。きょうてい。
② 同じ父母から生まれた子どもたちを、男女の別に関係なくいう。また、その子どもたち同士の関係をもいう。兄弟姉妹。

語義の①には、「兄弟」の本来の意味であり、実際にもよく使われる「兄と弟」があります。このあつかいが適切ですね。ただし、この語釈も完璧ではありません。先の「おじ」の語釈で見たように、「兄弟」は「兄と弟（の両方）」だけでなく、「兄または弟（のいずれか）」の意味でも使います。同じ『日本国語大辞典』の「おじ」「おおおじ」の項を見てみましょう。

おじ【爺・伯父・叔父・小父】（伯父・叔父）父または母の兄弟。また、父または母の姉妹の夫。↕おば。

おおおじ【従祖父・大伯父・大叔父】祖父母の兄弟。両親のおじ。従祖父（じゅうそふ）。

↕従祖母（おおおば）。

どちらも「兄弟」と説明しています。「この人は父方のおじです」という場合、自分の父の兄または弟をさしているので、「おじ」などの説明で使われている「兄弟」は「兄または弟（のいずれか）」の意味でないとおかしいことになります。つまり、「きょうだい」の語義①〝兄と弟。また、その関係。けいてい。きょうてい〟は説明不十分で、〝兄または弟（のいずれか）〟の意味も必要です。

ついでにいうと、「おじ」などの語釈に「兄弟」の語を使うのは避けるべきでしょう。すでに指摘したように、「兄弟」には男女を含めた意味（『日本国語大辞典』の語義②）もあるので、説明に「兄弟」を使うと、「おじ」が男であることが確定されないのです。また、この「兄弟」は「兄と弟の両方」をさしているのか、それとも「兄または弟のいずれか」なのかもあいまいです。「兄弟」という語を使わずに、「父の兄または弟、あるいは母の兄または弟」のようにすれば、誤解のおそれがなくなります。

ちなみに、「兄弟」「姉妹」のような漢字二字の熟語は、その両方をさすだけでなく、その一方だけをさすこともよくありますね。「ふぼ（父母）」もそうです。辞書は〝ちちと、はは。ちちはは。両親〟（『大辞泉』）などと説明していますが、これでは不十分です。同じ辞書で、

「おじ」「またいとこ」を引くと、

おじ　父母の兄や弟。また、父母の姉妹の夫。

またいとこ　父母のいとこの子。はとこ。ふたいとこ。

とあります。これらの「父母」は「父または母」の意味ですから、「ふぼ」の語釈にはこの意味を追加しないといけません。

前項で、辞書が「あに」「あね」「いもうと」「おとうと」の意味をまちがえていることを見ましたが、それだけでなく「きょうだい（兄弟）」「しまい（姉妹）」も説明が不適切または不十分であることがわかりました。そして、「ふぼ」「そふぼ」「おじ」「おば」「おおおじ」「おおおば」「いとこ」「またいとこ」など、親族関係をあらわすことばの多くも修正の余地ありです。

問題7　「…がほえる」といったら、「いぬ（犬）」と「ドッグ」のどっち？

バカドンのパパ　それは「いぬ」なのだ。

バカドン　ブブー。正解は「どちらでもよい」だよ。

バカドンのパパ　「ドッグがほえる」なんていう人がどこにいるのだ？　もしかしたら、『おそ松くん』のイヤミならいうかもしれないが、普通の日本語を話す人は、絶対にそんなふうにはいわないのだ。

バカドン　でも、辞書は「ドッグ」は「いぬ」と同じだといっているので、どちらでもよい、ということになるよ。『広辞苑』だって、ほらこのとおり。

ドッグ【dog】 犬。

バカドンのパパ　それは辞書がドッグのさか立ちでないから、つまりグッドでないからなのだ。

「ドッグがほえる」や「ドッグを散歩させる」などという人はいませんね。「ドッグ」は「いぬ」と同じではないのです。しかし、辞書はどちらも同じと考えているようで、単に「犬」といってすませています。ほかの外来語はどうなっているのか、「ねこ」をさす「キャット」、「とり」をさす「バード」、「さかな」をさす「フィッシュ」を『広辞苑』で見てみましょう。

キャット【cat】猫。「―フード」
バード【bird】鳥。小鳥。
フィッシュ【fish】魚。魚類。

どれも単に和語や漢語でいいかえているだけです（ちなみに、『大辞泉』も用例までそっくり同じ記述です。まさかコピペの結果ではないと思いますが）。これを見るかぎり、「ドッグとキャットはどっちが好き?」とか、「あっ、変わったバードが飛んでいる」、「この池にはフィッシュがいっぱいいるね」などといってもすこしも変ではないことになります。

ところで、「ドッグ」と「キャット」の語釈は単に〝犬〟〝猫〟とあるだけなのに、「バード」は〝鳥。小鳥〟、「フィッシュ」は〝魚。魚類〟とふたつあげています。「バード」に〝小鳥〟をいれるなら、「フィッシュ」に〝小魚〟もあってしかるべきなような気がします。

逆に、「フィッシュ」に〝魚類〟をいれるなら、「バード」に〝鳥類〟があってもよさそうです。実例を調べて、小鳥のことを「バード」といったり、「魚類」の意味で「フィッシュ」ということを確認したのでしょうか。とてもそのような手順を踏んでいるようには思えません。では、この語釈はどこから来たのだろうと考えて、はたと思いあたりました。英和辞典です。早速、手元の英和辞典をいくつか引いてみたところ、やはり国語辞典の語釈とそっくり同じ〝犬〟、〝猫〟、〝鳥、小鳥〟、〝魚、魚類〟が訳語としてあがっていました。国語辞典の語釈は英和辞典にある訳語をそのまま拾ったのです。でも、日本語として、特に「小鳥」をさして「バード」といったり、「魚類」をさして「フィッシュ」といったりはしないので、それぞれ単に〝鳥〟、〝魚〟で十分でしょう。

話をもとに戻しましょう。「ドッグ」などの外来語は普通、単純語として使うことはありません。使うのは「ドッグレース」「ドッグフード」、「キャットフード」、「バードウォッチング」、「フィッシュバーガー」などの複合語の中だけです。外来語の「ドッグ」などは和語の「いぬ」などと同じ意味ではあっても、用法はことなるのです。では、これらの外来語と和語とは本当はどのような関係にあるのか、もうすこしくわしく調べてみましょう。

外来語とは、外国語をほぼそのまま日本語としてとりいれたことばで、典型的なのは「ラジオ」「テレビ」(「テレビジョン」の省略形)「コンピューター」など、それまで日本になかったものをあらわすことばです。こうした新しい発明品には日本語に適当なことばがないため、外国語（これらの例では英語）をそのまま借用するわけです。「ドッグレース」などもこの例です。日本には、犬同士をたたかわせる闘犬はあっても、犬をかけっこさせる娯楽はありませんでした。「ドッグフード」「キャットフード」という、犬専用、猫専用につくられたえさも、日本にはない新しいものでした。野山にいって野鳥を観察する「バードウォッチング」という趣味も、魚のフライをパンにはさんだ「フィッシュバーガー」も同様です。そこで原語である英語の dog race（ドッグレース）、dog food（ドッグフード）、cat food（キャットフード）、bird watching（バードウォッチング）、fish burger（フィッシュバーガー）をそのまま借用したわけです（ちなみに、fish burger は英和辞典などに採録されていませんが、よく使われる英語です）。

これらの外来語は、複合語としては日本にない新しいものでしたが、その成分（「要素」ともいいます）である「ドッグ」「キャット」「バード」「フィッシュ」は日本語の「いぬ」「ねこ」「とり」「さかな」と同じ意味です。同じ意味なら、「いぬ」「ねこ」などにかえて、わざわざ「ドッグ」「キャット」などという必要はありません。「ドッグ」「キャット」などが単純語として使われないのはこのためです。

「ラジオ」「テレビ」「コンピューター」のように、それまで日本になかったものはそのままひとつの語（単純語）の外来語になりますが、「ドッグ」や「キャット」のように、それに対応する日本語がすでにある場合は単純語としては使われず、複合語としてのみ日本語にはいるわけです。ただし、コンピューターで使う「マウス（mouse）」のような例外もあります。英語のmouseは日本語の「ねずみ」に相当する語ですが、コンピューターのマウスはあきらかに動物の「ねずみ」とはちがいます。このように、もとからある日本語に意味としては対応していても、それとはまったく異質のものをさす場合には、やはり外来語がそのまま単純語として使われます。コンピューターの「バグ」（英語で「虫」を意味するbugから）もそうですね。

外来語に見られるこの特徴は、実は漢語にも見られます。「字（ジ）」「本（ホン）」「鉄（テツ）」など、それまでの日本になかった事物をさす漢語はそのまま単純語として日本語になっています。「善（ゼン）」「悪（アク）」「愛（アイ）」のように、抽象的な意味をあらわす名詞も、和語に適切なことばがないために、やはり単純語としてそのまま借用されています。しかし、「やま」をあらわす「山（サン）」、「みず」をあらわす「水（スイ）」などは、それぞれ「山脈」「火山」「登山」、「水道」「海水」「香水」などの複合語でしか使われません。和語の「やま」「みず」と同じ意味なら、わざわざ漢語を使うまでもないからです。つまり、《漢語を含む広義の外来語は、もともと日本語にはなかった事物などをさすもの以外は、通例、複合語としてのみ使われる》という特徴があるわけです。

「ドッグ」「キャット」「バード」「フィッシュ」などの外来語は、漢字語の「ケン（犬）」「ビョー（猫）」「チョー（鳥）」「ギョ（魚）」とよく似ています。「ドッグ」も「ケン（犬）」も単純語の「いぬ」と同じように使うことはなく、かならず「ドッグフード」「ドッグレース」や「バンケン（番犬）」「ヤケン（野犬）」のような複合語で使います。どの辞書も、「ケン（犬）」などの漢字語は単語として見だしにしていないのに、同じ性質のことばである「ドッグ」は単語として見だしにしているのが大半です。「ドッグ」「キャット」「バード」を「造語」すなわち造語成分（または造語要素）としているのは、『三省堂国語辞典』など一部の辞書だけです。『大辞林』も「バード」と「フィッシュ」には〝多く他の外来語と複合して用いる〟という補足説明をつけています。しかし、どちらも不徹底というか、一貫性に欠けていて、「パーク」は『三省堂国語辞典』も名詞としてあつかっています（『大辞林』も同様）。

パーク〔park〕（名）公園。

この語は「テーマパーク」「サファリパーク」などの複合語としては使いますが、「パークに散歩に行く」などとはいわないので、造語成分とすべきでしょう。

なお、『三省堂国語辞典』をのぞく小型辞書の多くは「ドッグ」「キャット」「フィッシュ」を立項していませんが、このあつかいは疑問です。これらのことばが自立した単純語とは見なせないのは確かですが、「ドッグフード」「キャットフード」「フィッシュバーガー」などは子どもでも知っていることばですから、これらの複合語を立項するか、あるいは造語成分として「ドッグ」「キャット」「フィッシュ」を立てるかすべきでしょう。

外来語と和語（または定着した漢語）との関係には、さらに探求すべき領域があるのですが、それについては次項で見ることにします。

問題8 「かぎ」と「キー」、自転車にとりつけるのはどっち？

バカドンのパパ　それは「かぎ」だろう。
バカドン　ブブー。これも「どちらでもよい」が正解だよ。
バカドンのパパ　「自転車にキーをとりつける」なんて、日本語として変なのだ。
バカドン　辞書によれば、変じゃないんだね。『三省堂国語辞典』を見てよ。

キー〔key〕**鍵**（カギ）。「自動車の―」

「かぎ」と同じだっていってるでしょ。

バカドンのパパ　「自動車のかぎ」は「自動車のキー」ともいうが、「自転車のかぎ」は「自転車のキー」とはいわないぞ。だから、「キー」と「かぎ」は同じではないのだ。辞書はそのキーポイントがわかっていないのだ。そういうわしも、よくわかっていないがな。さて、どうちがうのだろう。うーん。考えだしたら、夜も眠れなくなりそうなのだ。

「キー」は「ドッグ」などとちがって、「車のキー」のように単純語して使います。しかし、「自転車にかぎをとりつける」とはいっても、「自転車にキーをとりつける」とはいいません。「キー」は「かぎ」とは微妙にちがうのですが、どの辞書もみな単に「かぎ」といいかえるだけで、「自転車にキーをとりつける」でも全然問題ありません、という態度です。

「キー」は「かぎ」とどうちがうのか、調べてみることにしましょう。「キー」は、英語のkeyをそのまま日本語として借用したものです。英語のkeyはドアのかぎ穴などにさしこんで、かぎをかけたり、あけたりする金属製のものをいいます。日本語に訳せば「かぎ」になりますが、日本語の「かぎ」はもっと広い意味で使いますね。たとえば「窓のかぎ」ですが、アルミサッシの窓についている「かぎ」には普通、かぎ穴はありません。はてなマーク（?）のような形をした金属の部分を半回転させて施錠・開錠する装置を「かぎ」と呼んでいるわけですが、あれは正式には「クレセント錠」といいます。英語のcrescent lock（クレセント・ロック）に由来することばですが、「クレセント」は「三日月、三日月形（のもの）」という意味です。私たちはみな「かぎ」といっていますが、窓の「かぎ」は正確には「錠」なのです。

では、「かぎ」と「錠」はどうちがうのかというと、ドアなどを簡単にあけられないようにする装置が「錠」で、その装置の穴にいれて、あけしめする金具がせまい意味の「かぎ」

ですね。日本語では、普通はどちらも「かぎ」ひとつですませていますが、英語では「錠」はlock（ロック）、それをあけしめする金具の意味の「かぎ」はkey（キー）、と明確に使いわけています。外来語の「キー」は英語の意味を引きついでいて、かぎ穴にさすものだけをさします。車の「キー」もそうですね。

自転車にとりつける「かぎ」は、自転車を動かせないようにする装置をさしていて、かぎ穴にさしこむ金属のことではありません。箱形の前輪錠にしても、馬蹄錠（リング錠ともいいます）やワイヤー錠にしても、その名のとおり、みな錠です。それらの錠にさしこむ金属の「かぎ」を「キー」ということはできますが、固定装置そのものは「錠」なので、それを「キー」と呼ぶのはおかしいわけです。

辞書は「キー」を「かぎ」といいかえるだけですませていますが、この二語には以上のような大きなちがいがあります。「事件のキー」のような比喩的用法や、パソコン・ソフトの「プロダクト・キー」などを別にすれば、「キー」はかぎ穴などにさしこんでドアを開閉したり、エンジンを始動・停止させたりする金具の「かぎ」のみをさします。最近は、プラスチック製のカード・キーなどもありますが、機能は同じです。事件の「キー」も事件を解決へと導く手がかりの意味で、プロダクト・キーもソフトウェアを自由に使えるようにするためのコードですから、機能的には同じようなものだといえます。

「キー」と呼ばれるものをさらによく注意して見ると、自動車、オートバイ、ホテル、マンションなどの「かぎ」に限定されて使われる傾向があることがわかります。おそらく、日本にはない新しいものとしてこれらの事物が日本にもちこまれたとき、「キー」はその必須の付属物として認識されたために、英語のkeyをそのまま借用したのでしょう。

「キー」に対応する和語の「かぎ」は使用範囲が広く、かぎ穴にさしてあける金具（英語のkeyに相当するもの）だけでなく、「窓のかぎがこわれている」「自転車にかぎをかける」「かぎをするのを忘れた」のように、「錠、施錠装置、施錠行為」（英語のlockに相当するもの）をもさします。「窓のキーがこわれた」「自転車にキーをとりつける」「キーをするのを忘れた」などといわないのは、この場合の「かぎ」が実際には「錠」をさしていて、かぎ穴にさしこむ「キー」ではないことが暗黙のうちに了解されているからだと思われます。

「かぎ」は「錠」の意味でも、また、それをあけしめする金具の意味でも使うので、「かぎをとりつける・かける・しめる・あける・さしこむ・ぬく」などということができます。しかし、「キー」は一般的には錠にいれる金具しかささないので、「キーをさしこむ・ぬく」とはいっても、「キーをとりつける・かける・しめる・あける」とは普通いいません（例外的に、「車のキーをかける」などと使うことはありますが）。「キー」の意味・用法は「かぎ」よりもずっとせまいので、単に「かぎ」といいかえただけではまったく説明不十分ということとです。

「キー」のように、対応する日本語がすでにあるのに、単純語として使われる外来語はほかにもあります。「アイス」「フロア」「ボディー」などがそうですが、辞書はどれも次の『三省堂国語辞典』のように、和語のいいかえ語をあたえるだけですませています。

アイス〔ice〕氷（でひやしたもの）。
フロア〔floor〕ゆか。
ボディー〔body〕からだ。

しかし、これらの外来語は和語の「こおり（氷）」「ゆか（床）」「からだ（体）」とくらべると、そのさし示す範囲はせまく、用法もかなり制限されます。たとえば、「アイス」はアイスキャンディーやアイスクリームの省略形としてか、あるいはウイスキーやジュースなどの飲み物にいれる小さな氷のみをさして使われます。「フロア」は、デパートやスーパーなどの広い店舗、ホテル、あるいはマンションの洋室の床などについて使われ、伝統的な日本家屋や神社仏閣の床については使われません。「ボディー」が「人のからだ」の意味で使われるのは、スポーツ選手（特に、ボディービルダーやボクシング選手など）のきたえられた体か、あるいは、ややおどけて、女性や男性の魅力的な体をいう場合だけでしょう。つまり、ほとんどの場合、外国から新しくはいった事物などとの関連で使われるわけです。一般的な場面で使うのはもっぱら和語であって、「けさは冷え込んで、池にアイスが張っている」とか、「この学校では生徒がフロア掃除をします」、「タバコはボディーによくない」などとはいいません。

同様のことは、「ショッピング」のような、行為をあらわす外来語にもいえます。日常生活に必要な食料品や雑貨類を近くの小売店などに買いにいくのは「買いもの」であって、「ショッピング」ではありません。「ショッピング」を単純語として使うのは、おもにファッション関係のものなどを買うために、しゃれたお店にいく場合でしょう。

前項で見たように、すでに定着した日本語が存在するとき、それとほぼ同じものをさす外来語は複合語のみで使われるのが普通ですが、《自立したひとつの語（単純語）として使われる場合は、その意味・使用範囲はもとからある日本語の同義語よりもせまくなり、外国から新しく導入された事物や行為などと関連していることが多い》という特徴があることがわかります。ちなみに、ここでいう「もとからある日本語」には和語も漢語も含まれ、それらをあわせて「在来語」と呼ぶことがあります。

この特徴はカタカナ表記される西洋語からの借用語だけでなく、漢語にも見られます。たとえば、「おと（音）」とほぼ同義の「オン（音）」は音楽か語学の分野でのみ使われます。

「からだ」に対する「タイ（体）」も、おもに柔道や相撲などの格闘技で「体をかわす」「体を預ける」というような表現の中で使われるだけでしょう。「め（目）」に対する「モク（目）」は単純語としては使われず、「ガン（眼）」は「ガンを飛ばす」「ガンをつける」のような俗語的な慣用表現でのみ使われます。「あたま（頭）」に対する「トウ（頭）」も複合語の成分となるだけで、「ズ（頭）」は「頭が高い」という慣用表現の中で使われるだけです（ちなみに「頭」を「トウ」と読むのは漢音、「ズ」と読むのは呉音です）。つまり、漢語にも《自立したひとつの語（単純語）として使われる場合は、その意味・使用範囲はもとからある和語の同義語よりもせまくなり、特定の分野においてか、あるいは慣用的表現として使われることが多い》という特徴があるわけです。

漢語を含む広義の外来語にこうした特徴があるのは、考えてみればきわめて当然ですね。それまで使い慣れたことばがあるのに、それと同じものをさす外国語をわざわざ採用する必要はありません。それまでの日本語の世界にないものや、新しい分野に関する特殊な意味であることを示すため、従来のことばでは的確に表現できないため、あるいはちょっと語感をよくするためなどの理由があって、外来語をとりいれるのです。ほぼ同じ意味をあらわす和語と漢語、在来語（和語または漢語）と外来語のあいだには、かならずどこかにちがいがあります。そして、和語と漢語なら和語のほうが、在来語と外来語なら在来語のほうが幅広く使えます。たとえば、和語の「たま（玉、球）」は球状のものを幅広くさし、「たまのあせ（汗）」「電球のたま」などと使いますが、「キュウ（球）」を使うのは数学や物理学などの学問分野にかぎられます。外来語の「ボール」は西洋からはいったスポーツで使われる「たま」か、ボールペンのボールのような、西洋からはいった新しい事物に付属する「たま」のみをさします。あることばが和語であるか漢語であるか、外来語であるかという種類のことを「語種《ごしゅ》」といいます。語種のことなる同義語・類義語にはこのようなちがいがあるので、辞書にはそれに応じた説明が望まれます。

問題9　「イヤリング」と「みみわ（耳輪）」、どこがちがう？

バカドンのパパ　「イヤリング」は、耳にはさんでつける耳輪のことなのだ。
バカドン　ブブー。「どちらも同じ」が正解だよ。
バカドンのパパ　絶対にちがうのだ。ママに聞いてみなさい。
バカドン　ねえ、ママ、「イヤリング」と「耳輪」は同じじゃないの？
バカドンのママ　そうね、「耳輪」にはピアスも含まれるけど、イヤリングはピアスでない耳輪だけをいうわね。
バカドン　でも、辞書にはそんなこと書いてないよ。『旺文社国語辞典』を見てよ。

イヤリング〈earring〉耳飾り。耳輪。イアリング。

ね、一緒にしてるでしょ。
バカドンのパパ　辞書はなんでも一緒にしてしまうが、「キー」と「かぎ」がちがうように、「イヤリング」と「みみわ」もちがうのだ。

辞書はみな「イヤリング」は「みみわ、みみかざり」と一緒だといっていますが、実際には区別があります。翻訳家・小説家として有名な常盤新平さん（故人）はそれを知らずに、失敗したことがあるようです。常磐陽子さんの話をお聞きください（引用文中の太字は引用者によります。以下同）。

一度、ニューヨークのおみやげに**イヤリング**を頼んだら、彼［＝夫の新平さん］が買ってきたのはピアスだったんです。私が「これ、違うじゃない」っていったらとてもがっかりしちゃいましてね。〈『週間朝日』一九九二・一・二十四〉

どういう事情かわかりますか。陽子さんがほしかったのは、耳にはさんでつける耳飾りで、そのつもりで「イヤリング」を買ってきてと頼んだのです。ところが、新平さんは「イヤリング＝みみわ、みみかざり」だと思って、ピアスを買ってきてしまったわけです。でも、陽子さんは耳に穴をあけていないので、ピアスはつけられなかったのですね。奥さんが耳に穴をあけていないのを知らなかったのは新平さんの不手際だったかもしれませんが、男なんてまあそんなものでしょう。ちなみに、英語の earring は日本語の「みみわ、みみかざり」と同じ意味で、日本語の「イヤリング」に相当するのは non-piercing earring（穴をあけない耳輪）です。

このエピソードからわかるように、「イヤリング」は「ピアスでない耳輪または耳飾り」をさします。これが女性の共通認識になっていることは、次の投書からもわかります。

私は五十歳になったのを記念してピアスにしました。「料理」にかかわる仕事をしていると、マニキュアも指輪もできないので、私たち栄養士にとってオシャレは**イヤリング**です。白衣と三角巾（きん）に**イヤリング**……でも長時間していると耳たぶが痛くなったり、落として片方なくしてしまったり。そう、ピアスはとても機能的なのです。〈『朝日新聞』一九九五・七・十三〉

前項で、《新しくはいった外来語とほぼ同じものをさす日本語がすでに存在する場合、その外来語は意味・用法ともに従来からある語よりもせまくなる》という特徴があることを見ました。この「イヤリング」にも同じ特徴があって、ネジやバネ、磁石などで耳にはさんで固定するものにかぎって使われます。耳飾りの総称として「ピアス式のイヤリング」などということもありますが、ファッション用語としては「イヤリング」は「ピアス」と区別されているので、辞書にはそのような説明が必要でしょう。でないと、常盤さんのような悲劇がくり返されてしまいます。

「イヤリング」は英語の earring を借用したものですが、「ピアスでないもの」というのは日本語独特の用法です。英語では、耳に穴をあけてつける「ピアス」もearringといいます。というよりは、昔は耳に穴をあけて装着するものしかなかったので、十九世紀のおわりごろまでは、英語でearringといえば「ピアス」のことでした。同じことは、日本語の「みみわ、みみかざり」についてもいえます。

なぜ日本語の「イヤリング」は英語のearringよりもせまい意味になったのでしょうか。外来語に見られる特徴を考えると、その理由が推測できます。耳に穴をあけてつける耳輪・耳飾りは昔から日本にもあって、縄文時代の遺跡からも出土しています。そのため、同じ方式のearringが外国から日本にはいってきても、使い慣れた「みみわ、みみかざり」にかえて、わざわざ外来語の「イヤリング」を使う必要はなかったはずです。しかし、一九〇〇年ごろに、耳に穴をあけずに装着できるネジ式などのearringが外国で発明されます（注）。これはそれまでの日本にない新しいものだったので、それが日本にはいったときは「みみわ、みみかざり」とは区別されるものとして、外来語の「イヤリング」を使うようになったのでしょう。

この「イヤリング」が広く一般に普及した結果、耳に穴をあける旧式の耳輪・耳飾りは下火になります。その後、外国のファッションをとりいれて、耳に穴をあける耳飾りの流行が復活しますが、これは総称的な和語の「みみわ、みみかざり」とも、また「イヤリング」ともことなるものとして、外来語の「ピアス」が使われるようになったと考えられます。これはあくまで推測で、文献を調査して裏づけをとったわけではありませんが、大筋ではあっているのではないかと思います。

注　この情報は次項（67ページ）で引用する *The Fashion Dictionary* (Mary Brooks Picken, 1957)（『ファッション辞典』メアリー・ブルックス・ピッケン著、一九五七年）によっています。『改訂新版　世界大百科事典』（平凡社、二〇〇七年）の「耳飾　みみかざり　earring」の項には、〝クリップ型やねじ留め式のものは17世紀に生まれ、イアクリップ ear-clip と呼ぶ。〟（原文は横書き、コンマ使用）とあり、『日本大百科全書（ニッポニカ）』（小学館、一九九四年）にもほぼ同じ記述がありますが、『ファッション辞典』の情報がただしいようです。英語のオンライン版『ブリタニカ百科事典』の earring の項にも、

In Europe, earrings tended to go out of fashion when the wig, coiffure, or headdress obscured the ears, as in the late 17th and 18th centuries. Use of these ornaments continued to be unfashionable in Europe and the Americas during the 19th century but were revived again in the 20th, especially with the introduction of clipping devices.（ヨーロッパでは、十七世紀後半と十八世紀において、かつらや髪型、かぶりものによって耳が隠れるようになると、耳輪はすたれるようになった。これらの装飾品［＝耳輪］の使用はヨーロッパとアメリカ両大陸において十九世紀中も引き続き人

気が低迷していたが、二十世紀になって、特にクリップ式の装置が導入されるとともに、また人気が復活した。)

とあります。ほかの十八世紀以降のアメリカの新聞のデータベースを見ても、クリップ式などのイヤリングがでてくるのは十九世紀末以降です。

問題10　「ピアス」は、体のどこにつける？

バカドンのパパ　ピアスをつけるところは、いろいろなのだ。耳、目の上、鼻、口のまわり、舌、へそとか。

バカドン　ブブー。正解は「耳たぶ」だけだよ。

バカドンのパパ　なにばかをいっているのだ。耳たぶ以外にもピアスをしている人なんて、いっぱいいるじゃないか。

バカドン　でも、「耳たぶ」が辞書の圧倒的多数意見だよ。『明鏡国語辞典』もそういってる。

ピアス　耳たぶに小さな穴をあけてつけるイヤリング。▼pierced earrings から。pierce は穴をあける意。

バカドンのパパ　「イヤリング」もそうだったけど、辞書はちょっとファッションにうといんじゃないか。

ピアスを「耳たぶ」につけるというのは、部位を限定しすぎですね。耳たぶがもっとも一般的とはいえ、ほかの部位もあることは誰もが知っているはずです。最近では、耳たぶ用のものを「ファッションピアス」、耳たぶその他、どこにでもつけられるのを「ボディ（ー）ピアス」と呼んでいます。部位に応じて、「鼻ピアス」「口ピアス」「舌ピアス」などともいいますね。

辞書の「ピアス」には、もうひとつ問題があります。なぜ「ピアス」というのか、その語源がちょっと気になるのです。『明鏡国語辞典』は英語の pierced earrings（ピアスト・イヤリングズ）の略だといい、ほかの辞書も多くが同じ説をとなえています。しかし、本当にそれでいいのか疑問があります。その話にはいるまえに、ひとつ指摘しておかなければなりません。多くの辞書が語源として pierced earrings と複数形を示しているのですが、「イヤリング」の項では earring と単数形を示して、不統一です。どちらもかならず複数形で使うわけではないので、基本形である単数形を示すべきでしょう。この文章では、以後、単数形を使うことにします。

さて、「ピアス」の語源です。辞書が示す pierced earring という英語は実際に使われています。pierced は「突き刺す、穴をあける」という意味の他動詞 pierce の過去分詞で、「突き刺された、穴をあけられた」という受け身の意味をあらわします。つまり、pierced earring

の文字どおりの意味は「突き刺された（＝穴をあけられた）イヤリング」です。これって、なにか変だと思いませんか。穴をあけられているのは耳であって、イヤリングではありません。それなのに、なぜ pierced earring というのでしょうか。これは、文法的に説明のつかない、不思議な語なのです。

このミステリーについて、国語辞典と英語辞典では手がかりが得られなかったので、ファッション用語の専門語辞典をあたってみたところ、『田中千代　服飾事典（新増補版）』（同文書院、一九八九年）にヒントがありました。

ピアスド・イヤー・イヤリング［Pierced-ear earring］ ピアスドは、〈つき刺した〉〈穴をあけた〉の意味で、耳たぶの小さな穴にとおしてつかう耳飾りの総称。クリップ式やねじでとめる方法があらわれる以前に使われた。現在でも一部にはこの方法が使用されている。

ここでは pierced-ear earring となっています。これだと「穴をあけた耳用のイヤリング」という意味になって、文法的に完璧です。こちらがもとの古い形で、その省略形として pierced earring が使われるようになった可能性が考えられます。pierced-ear earring は ear の語が連続していて重複気味なので、そのひとつを省略した語形が生まれるのは必然的とさえ思えます。もしそうだとすると、「ピアス」の語源は pierced-ear earring になります。日本語の「ピアス」は『田中千代　服飾事典』にある「ピアスド・イヤー・イヤリング」の省略形かもしれません（ちなみに、英語の発音は「ピアスト・イヤー・イヤリング」のほうが近いのですが、ここではそのままにしておきます）。

この説を裏づけるような英語の資料をさがしたところ、*Fifty Years among the New Words: A Dictionary of Neologisms 1941-1991* (edited by John Algeo, 1993)（『新語に囲まれて五十年：新語辞典一九四一―一九九一年』ジョン・アルジオ編、一九九三年）という新語辞典が見つかりました。それには、pierced という見だしに次のような説明がありました。

pierced　*adj* [prob. short for pierced-ear 'designed for pierced ear'（形容詞［おそらく pierced-ear の省略形で〝穴をあけた耳用にデザインされた〟の意］）

この本の編者も pierced-ear earring を省略して pierced earring になったと考えています。

英語の古いファッション用語辞典ならもっと確実なことがわかるかもしれないと思い、*The Fashion Dictionary* (Mary Brooks Picken, 1957)（『ファッション辞典』メアリー・ブルックス・ピッケン著、一九五七年）を入手しました。それには earring の小見だしに pierced-ear earring が採録されていました（pierced earring はありません）。earring とともに引用します。

earring. Ornament for ear, with or without pendant; formerly inserted in hole pierced through lobe, now usually screwed or clipped on. （**イヤリング**　耳の装飾品で、垂れ飾りがついているものと、ついていないものがある。もとは耳たぶにあけた穴にさしたが、今では通例、ネジやクリップでとめる。）

pierced-ear e. Earring suspended by metal ring or small loop that was inserted in tiny hole in ear lobe. Used throughout the centuries until the invention of the screw-type earring about 1900. Gained popular acceptance again during the early 1950's. （**ピアスト・イヤー・イヤリング**　耳たぶのちいさな穴にさしこまれた金属の輪、またはちいさな輪状のものでつるされた耳輪。一九〇〇年ごろにネジ式のイヤリングが発明されるまでの何世紀もの間ずっとこれが用いられた。一九五〇年代初頭にまた広く受けいれられるようになった。）

この辞書によれば、「ピアス」をさす語は pierced earring ではなく、pierced-ear earring ということになります。一九五〇年代に人気が復活したとあることから、『田中千代　服飾事典』にあるように、日本語のピアスも最初は「ピアスド（またはピアスト）・イヤー・イヤリング」として紹介されたのかもしれません。『日本国語大辞典』には「ピアス」と「ピアスト・イヤリング」が立項されていますが、いずれも実例なしなので、日本語の「ピアス」の初期の語形については不明です。国立国会図書館のデジタルコレクションの検索では手がかりが得られませんでしたが、『読売新聞』のデータベース『ヨミダス歴史館』を検索したところ、一九七三年十一月十二日の夕刊に「〝痛いおしゃれ〟穴あけイヤリング」という記事が見つかりました。当時はまだ「ピアス」という呼称は一般的ではなかったのかもしれません。「ピアス」がでてくるのは一九八一年九月二十八日の夕刊です。専門語辞典では、一九七九年発行の『服飾辞典』（文化出版局）の「イアリング」の項に〝ピアス式のイアリング〟という表現が使われています。ファッション雑誌などではもっとまえから使われていたのではないかと思われます。

『オックスフォード英語辞典』（*Oxford English Dictionary*）（オンライン版）には pierced earring の語は採録されていても、pierced-ear earring はありません。pierced earring の初出年も一九一四年と、右のファッション用語辞典（一九五七年）よりも古いので、現時点では〝pierced-ear earring を省略して pierced earring というようになった〟と結論するわけにはいかないようです。『オックスフォード英語辞典』を信用するなら、「ピアス」の語源は pierced earring でよいのかもしれませんが、広く使われているのに同辞典に採録されてない語や表現はちらほら見つかるので、『オックスフォード英語辞典』の用例採集が不十分だということも考えられます。現に、実際に使われている pierced-ear earring が採録されていません。

ひょっとしたら特許出願書類を調べればなにかわかるかと思い、グーグルで検索してみましたが、pierced-ear earring も pierced earring も使われているものの、一九一四年以前の使用例は見つかりませんでした。ただし、一九四九年に出願された書類の中に piercing earring（ピアシング・イアリング）が使われているのがわかりました。この語は〝耳に穴をあける耳輪〟という意味で、文法的にも問題がなく、もっと古くから使われていた可能性があります。アメリカの特許出願書類の中だけでも四二五件使われていて、ネット全体の検索結果は百万件以上でした（ただし、この中にはたまたま piercing earring という語の並びになっただけの例も含まれます）。「ピアス」に相当する英語は pierced earring と pierced-ear earring だけでなく、piercing earring もあるわけで、そのどれもが日本語の「ピアス」の語源である可能性が考えられます。前掲の英語のファッション用語辞典には〝一九〇〇年ごろにネジ式のものが発明されるまでの時代はずっとこれ［＝ピアス］が用いられた〟とあるので、それまでは pierced earring や pierced-ear earing などという必要はなかったわけで、それらが用いられるようになったのはそれ以降でしょう。一九〇〇年前後から『オックスフォード英語辞典』の初出用例の一九一四年にいたる時代の英語の新聞や雑誌、ファッション関係の文献を丹念に調べれば、初出の語形がどうだったか判明しそうです。

以上をもって一応の結論としていたのですが、原稿を最終的にチェックしていて、あたらしい展開がありました。アメリカで発行された古い新聞もデータベース化されて、十八世紀から現代にいたるまでの膨大な量の記事が検索できるようになったのです。そのサービスを提供する有料サイトに登録しましたが、同じようなことがグーグルの書籍検索でもできることがわかりました。それらを利用して「ピアス」に相当する英語を調べたところ、もっとも古いのは一九一二年五月十二日づけの『ザ・ワシントン・ヘラルド』紙（*The Washington Herald*, May 12, 1912）ほかにある pierced earring でした（注）。『オックスフォード英語辞典』が初出としている用例の記事と同じもののようです。pierced earring が初出形だとすると、pierced-ear earring を省略して pierced earring ができたのではなく、実際はその逆で、pierced earring では意味的に飛躍があるように感じられたため、あとから欠落部分をおぎなうべく pierced-ear earring ができたことになります。ことばの生態には、えてしてこういう不合理と思えることがあるので、丹念に文献で確認する作業が必要ですね。

日本語の「ピアス」の語源ですが、『大辞林』などは動詞 pierce 説をとっています（『岩波国語辞典』『三省堂国語辞典』も同様）。

ピアス〖pierce〗〔「刺し通す」などの意〕身体の一部に穴を開けてつける装身具。狭義には、耳たぶにつけるものをいう。

この可能性もありそうですが、資料的裏づけはあるのでしょうか。

注　グーグル検索では、一八九六年十月三十一日づけの『ザ・セントラリア・エンタープライズ・アンド・トリビューン』紙（*The Centralia Enterprise and Tribune*, Oct. 31, 1896）にも同じ語が表示されるのですが、その画像を確認したところ、一九三三年十一月三日づけの別の新聞『ノーガタック・デイリー・ニューズ』（*Naugatuck Daily News*, November 3, 1933）でした。こういうミスがあるので、確認作業は欠かせません。また、もっと古い一八九一年の使用例もありますが、こちらは stamped and pierced earrings（刻印されて穴をあけられた耳輪）なので、意味がちがうようです。

問題11 「サンドバッグ」、中にはいっているのはなに？

バカドンのパパ 「砂」と答えさせたいのだろうが、そうはイカの金時計なのだ。なにせ、わしはバカ田大学のボクシング部にいたから、ちゃんと知っているのだ。サンドバッグにはいっているのは砂ではなくて、布きれなどなのだ。
バカドン ブブー。正解は「砂」でいいんだよ。
バカドンのパパ ちっともよくないのだ。サンドバッグに砂なんか、これっぽっちもはいってないのだ。
バカドン でも、どの辞書も砂がはいってる、といっているよ。『新選国語辞典』だって、ほら。

サンドバッグ 〈sandbag〉ボクシングの練習などに使う砂を入れた袋。

バカドンのパパ それは辞書の本当のうそなのだ。メロンパンにメロンがはいってないのと同じで、サンドバッグに砂ははいってないのだ。

私は実際にサンドバッグの中を見たことがありますが、砂はひとつぶもはいっていませんでした。もと世界ミニマム級王者のプロボクサー・大橋秀行さんも、サンドバッグに砂ははいってない、と断言しています（大橋さんの発言は、のちほど紹介します）。市販されている一般的なサンドバッグの中身は、砂ではなくて布きれやウレタンなどですね。そういう軽くてやわらかい素材でなければ、そもそも天井からつるして使うことはできないでしょう。

辞書はどれも、実物のサンドバッグを自分の目で確かめることをしないで（最近のはやりことばでいえば「ファクトチェック」をなおざりにして）、ただ先行辞書の記述をほとんどそっくり（といっても、盗用といわれない程度に字句をかえて）書きうつし、「はい、一丁あがり」としていたようです（『デジタル大辞泉』だけは修正されています）。

サンドバッグについての誤解は広く一般に流布していますが、それについてはテレビ番組でとりあげられたことがあるようです。「有吉弘行のダレトク⁉」（二〇一三年十月二十二日放送）がそれですが、その番組を文字におこした記事を見つけたので、そこから引用します（http://news.livedoor.com/article/detail/8186713/）。

［大橋ボクシングジムの］大橋会長は「砂だったら、大変なことになっちゃいますね」と意味深に語る。その言葉の意味を知るべく、番組調査班は［市販のサンドバッグには

いっている」布の切れ端と同じ体積の砂を「サンドバッグ」に詰める実験を行なった。結果、その重量は200kgを超え、固さはコンクリート並みになってしまったのである。もしも砂のはいったサンドバッグをパンチの練習に使ったら、けが人が続出することまちがいなしです。

では、砂がはいってないのに、なぜ「サンドバッグ」というのでしょうか。前掲の『新選国語辞典』その他すべての辞書が英語のsandbagを語源にあげています。しかし、英語のsandbagは、洪水などのときに使う「砂袋《すなぶくろ》、砂嚢《さのう》」などをさし、日本語でいう「サンドバッグ」の意味は、英和辞典はもとより、世界最大最詳の辞書といわれる『オックスフォード英語辞典 第二版』にものっていません。日本語の「サンドバッグ」を英語でどういうかというと、イギリス英語ではpunchbag（パンチバッグ）、アメリカ英語ではpunching bag（パンチング・バッグ）で、どちらも「パンチ（練習）用の袋」という意味です。つまり、日本語の「サンドバッグ」は、英語のsandbagとは関係のない和製語の可能性があるのです。

英語ではpunchbagまたはpunching bagと呼ばれているのに、なぜ日本ではサンドバッグというようになったのでしょうか。インターネット百科事典のウィキペディアは次のように説明しています（左に引用するのは原稿執筆時点のものです）。

中に詰められる内容物も、サンドバッグ（砂袋）とは呼称されているが実際には砂以外の物（ウレタンや布切れなど）が使用されていることが多い。１９２０年代にボクシングが日本に伝わってきた際、当時の練習生が何を詰めて良いか分からず砂を詰めて練習していた名残で現在もサンドバッグという名称のみが残っている（そのため「サンドバッグ」という名称を使用しているのも日本のみである）。

先に紹介したライブドアニュースの記事にも似たようなことが書かれています（一部、脱字を修正）。

では、なぜ「サンドバッグ」という名称が広がったのだろうか。ボクシングが日本へ伝えられた１９２０年代当時、アメリカでは「サンドバッグ」は「ヘビーバッグ」と呼ばれていた。しかし、日本へ輸入された際には、運びやすくするために中身を抜いていたため、受け取った日本人は、袋の中身が何だったかわからなかったという。「ヘビー(Heavy)」という名称から中身は「重いもの」と連想し、日本では砂を入れることに。その後、中身は布に変えられるのだが、このエピソードの名残でサンドバッグと呼ばれるようになったというのだ。

どちらも、日本では昔、実際に砂をつめた袋を使っていたので「サンドバッグ」というようになったと説明しています。しかし、この情報はあまり信用できそうにありません。まず、ボクシングが日本へ伝えられたのを一九二〇年代としていることからして疑問です。百科事典にも同様のことが書かれていますが（注1）、実際にはもっとはやくから日本でもボクシングがおこなわれていたようです。明治生まれの新聞記者、山本笑月（一八七三―一九三六）は『明治世相百話』（一九三六年）で次のように書いています（青空文庫から引用）。

拳闘が初めて日本へ来たのは明治二十年［一八八七年］の春、レスラー即ち西洋相撲も一緒で米国力士の一行十余名、同地で相当叩き上げた日本人の力士浜田常吉が肝煎りで、力士の大関はウエブスターという図抜けた大男、まず常陸山に輪をかけた立派さ。木挽町三丁目の空地（今の歌舞伎座付近）で天幕張りの興行、物珍しさに前景気は素敵。

［中略］

後にも先にも西洋相撲はこの一回きりだが、拳闘は近来大流行、全く時代が違う。

また、『スポーツ辞典　ボクシング』（日本放送協会、一九六三年）にはこうあります（原文は横書き、コンマ使用）。

日本最初のボクシング道場〝メリケン練習所〟が、アメリカ帰りの2青年、斉藤虎之助、ジェームス・北条の手で横浜市石川に二軒長屋をぶち抜いてつくられたのは、浜田が計画したスパーラ［＝ボクシング］とラスラ［＝レスリング］の興行が頓挫してから8年後の明治29年［一八九六年］のことだが、この歴史的なジムもながくつづいてはいない。

その前後に、日本人の書いたボクシングの指導書として、明治33年［一九〇〇年］5月に、桜田孝次郎（アメリカでボクシングを研究した仙台の剣道家）の「攻撃自在西洋拳闘術」、2年おくれて、岡野波山の「腕力養成拳闘術」が、それぞれ発行された。

一九〇〇年以前から日本でボクシングがおこなわれ、普及活動もあったことがこれらの資料からわかります。

前掲記事のサンドバッグについての情報は、さらにマユツバです。〝日本へ輸入された際には、運びやすくするために中身を抜いていたため、受け取った日本人は、袋の中身が何だったかわからなかったという〟といっていますが、どんな品物かもわからずに外国から輸入するなんて、常識的には考えられません。それがどういうものであるかを知り、日本でも売れると判断するからこそ輸入するわけですから。また、当時の文献を見ても、この説は否定されます。たとえば、一九二三年（大正十二年）に刊行された『拳闘術』（高橋佳十郎 編、盛進社出版部）には、次の記述があります（ここの太字は原著による）。

一、**パンチング、バッグ　フートボール**の如きもので上に吊して、これに依って敏捷なる突方の研究をする。

一、**アンオフヱンジング、サック**　楕圓形の大きな木綿袋で内部へ柔軟物質を詰める、これは平素練習の際双方餘り強く眞劍に突合ふのは危險であるから平素の練習は程よき加減にして、眞の强き突はこれで試る。

最初の「パンチング、バッグ」は今でいう「パンチングボール」のことで、次の「アンオフヱンジング、サック」はあきらかに今のサンドバッグをさしています（「アンオフヱンジング、サック」のもとの英語は不明）。名称こそちがえ、すでに一九二〇年代には中身をただしく説明した本がでているのです。

同じ一九二三年（大正十二年）刊行の『拳闘術：ボクシング早わかり』（渡辺勇次郎・郡山幸吉 共著、海外旅行案内社）という本には、こう書かれています（太字は引用者による）。

其の方法を示せば、先、づ圖の如き**砂袋**を作りて天井より吊るし、其れを目的に左右兩手を以て述べたる如く、身体の重心を崩さずして或は近づき或は遠ざかりつゝ、揮身〔渾身の誤植〕の力を込めて毎日三分位づゝ二三回位之を突撃する練習を成す時には、知らず〳〵の間に身体鐵の如く鍛へらるゝと共に、ナックアウトの名手となるべし。

ここでは「砂袋」と呼ばれていますが、その文字の右側には、「サンドバック」という書きこみがあります（注2）。そして、同じ本の【第三十圖】のページには「現在ニテハ バック ハンド ブロー は禁じられて居る．1933.」という書きこみがあります（注3）。どちらの書きこみも、同じ人物による同じ時期のものだとしたら、一九三三年ごろには「砂袋」よりも「サンドバッグ」という名が広く普及していたと考えられます。当時のプロボクサー中村金雄（一九〇九―一九九三）も、一九三三年一月二十八日の『読売新聞』の記事で「サンドバッグ」ということばを使っています。最初に引用した『拳闘術』では柔軟物質をつめた「アンオフエンジング、サック」とあり、二冊めの『拳闘術：ボクシング早わかり』では「砂袋」と呼ばれていることから、一九二三年ごろは柔軟物質をつめたものと砂をつめたものがともに用いられていたのかもしれません。あるいは「砂袋」とは名ばかりで、実際の中身は砂以外のもの、または砂とわらなどの混合物だった可能性も考えられます。いずれにしても、十年ほどたった一九三三年ごろには「サンドバッグ」という名称が一般的になっていたようです。

ウィキペディアなどは「サンドバッグ」は和製語だといっていますが、ボクシング用語は「リング（ring）」「グローブ（glove）」「ダウン（down）」「ノックアウト（knockout）」など、ほとんどすべてといっていいくらい、英語をそのまま借用したものです。外来語の特徴として、それまで日本になかったものは、原語がそのまま借用される傾向があることを考えると、「サンドバッグ」もほかのボクシング用語と同じように、英語からそのままはいってきたと考えるほうが自然です。英語の辞書は sandbag に日本語でいう「サンドバッグ」の意味をのせていませんが、もしかしたら、少なくとも昔は sandbag をその意味でも使っていた可能性もありそうです。

英語のボクシング用語辞典みたいなものがあれば確認できるのではないかと思い、インターネットで調べてみると、*Boxing Dictionary* (by F. C. Avis, Second edition, 1968)（『ボクシング辞典』F・C・エイビス著、第二版、一九六八年）という古い本があるのがわかりました。早速、それをとり寄せたところ、びっくりというか、やっぱりというか、ちゃんとのっていました。

Sand Bag: a kind of heavy punch-bag.（サンドバッグ：重いパンチバッグの一種）

説明はこれだけですが、名前からすると、中には砂がはいっていたのではないかと想像されます。あるいは、名前は Sand Bag でも、中身は普通の punch-bag と同じであるため、特に中身について言及していないのかもしれません。ともかく、英語の sandbag にも日本語の「サンドバッグ」の意味があるようです。念のために補足しておくと、右の辞書では Sand Bag と大文字で二語つづりになっていますが、この辞書では見だし語のかしら文字はすべて大文字になっているので、大文字と小文字とで意味がちがうということはありません。また、二語につづっても同一の語であることに変わりはなく、「砂袋」の意味の sandbag も二語でつづられたり、ハイフンでつながれたりすることがあります。一般的にいって、複合語は最初スペースをいれた二語でつづり、その語が普及するにつれてハイフンつきの一語になり、最後にスペースなしの一語になる、という傾向があります。

日本語の「サンドバッグ」の意味で sandbag が使われている古い例がもっと見つからないかと、あれこれ手をつくしたのですが、ずっと手がかりが得られない状態が続いていました。ところが、前問の「ピアス」の項で述べたように、原稿の最終チェック段階になって、英語の古い資料が調べられるようになりました。早速、sandbag を検索にかけたところ、十九世紀後半から二十世紀初頭にかけて、日本語の「サンドバッグ」の意味で使われている例が数多く見つかりました。一八八九年に発行された *Boxing: with Hints on the Art of Attack and*

Defense and How to Train for the Prize Ring（Richard Kyle Fox, 1889）（『ボクシング：攻撃と防御の技術に関するヒントとプロのリングに上がるための練習方法つき』リチャード・カイル・フォックス著）の次の文は決定的な証拠です。

"Striking the Bag" is a very important acquisition to training. It teaches a person to stand erect, how to balance himself, and to acquire that graceful and easy motion of delivery, without which no one could by any possibility be termed a scientific boxer. It is universally called a Sand-Bag. Nothing could be more erroneous, which anybody would find out were he to practice on one so filled.（「バッグを打つ」というのはトレーニングに加えるべき非常に重要な方法である。それによってまっすぐに立ち、体のバランスをとり、打撃を加える際の、あの優雅で容易な動きを学ぶことができる。それなくしては、万が一にも科学的ボクサーと称されることはかなわないだろう。それは広く一般に、サンドバッグと呼ばれている。それがどんなに誤った呼称であるかは、誰でも実際にそのようにして詰められたもので練習するならわかることだろう。）

ここでは、Sand-Bag と一般に呼ばれているものの、中身は砂ではないことがはっきりと書かれています。念のために、同時期（一八八〇年から一九二〇年まで）に sand bag と

punch bag そして punching bag がボクシング関連の文章でどれほど使われているかも調べてみたところ、次に示すとおり、みなほとんど同数でした（つづりはハイフンつきのものもあります）。

・sand bag　54,516
・punch bag　56,135
・punching bag　56,553

なぜ砂がはいってないのに sandbag というようになったのか、という命名の由来については依然として不明ですが、とりあえず日本語の「サンドバッグ」の語源については、これにて一件落着です。現在の英語辞典は日本語の「サンドバッグ」の意味をのせていませんが、昔はこの意味で広く使われていて、中身は砂ではなかったのです。その sandbag が、ほかのボクシング用語と同じように、そのまま借用されたわけです。先に紹介した『拳闘術：ボクシング早わかり』で「砂袋」と呼ばれていたのは、sandbag を直訳したもので、中身は砂ではなかった可能性が高そうです。そのため、「砂袋」では砂がはいっているみたいでおかしいと感じた読者が「サンドバッグ」と書きこみをいれたのだと思われます。国語辞典の説明は最初からまちがえていたのです。

それにしても、ウィキペディアと「有吉弘行のダレトク⁉」にはおそれいりますね。見てきたようなうそを堂々と語る様子は、講釈師も顔負けでしょう。特に、「有吉弘行のダレトク⁉」は同名のツイッターのアカウントをもっていて、ご丁寧にも「#デマ撲滅RT要請」というハッシュタグをつけて、「【サンドバッグという名前】はデマ‼」というツイートを今も拡散していています（https://twitter.com/DaretokuTV/status/146600898499729408）。デマ撲滅を主張するツイートそのものがデマなのですから、もう笑うしかありません。まあ、国語辞典もみなデマを受け売りしているし、百科事典もわりと適当なことをいっているのですが、こういういい加減な仕事の姿勢はなんとかあらためられないものでしょうか。

さて、「サンドバッグ」の語源は英語の sandbag でよいことがわかりましたが、現代英語としてはその意味ではまず使わないので、辞書としては次のような説明をいれておくとよいでしょう。

英語の sandbag から。ただし、今日の英語では sandbag は「砂袋」などの意で使うのが普通で、パンチ練習用のものはイギリス英語で punchbag（パンチバッグ）、アメリカ英語で punching bag（パンチングバッグ）という。

なお、辞書は製品としてのサンドバッグの説明だけで満足していますが、ことばとしてのサンドバッグの情報も必要でしょう。打たれっぱなし、攻撃されっぱなしで、まったく反撃できない状況をさして「サンドバッグ状態」といったり、「サンドバッグ化する」などといったりするので、こうした比喩的な用法があることを示すべきだと思います。

「サンドバッグ」は正真正銘の外来語ですが、中には日本でつくられた和製外来語もあります。ボクシング用語にはほとんどありませんが、野球用語には少なからずあります。たとえば、デッドボール（正式英語は hit-by-pitch）、バックネット（同 backstop）、ランニングホームラン（同 inside-the-park home run）などです。辞書はこれらに「和製語」という情報をいれていますが、ときとしてその情報が抜けていたり、逆に、誤って和製語とされていることがあります。ここでは、非常に興味深い例をひとつだけあげておきます。野球などのペナントレース終盤になってよく聞かれる「マジックナンバー」ですが、『広辞苑』は、

マジック - ナンバー　（和製語 〜 number）プロ野球で、あるチームが優勝を決めるまでに、あと何勝すればよいかを示す数字。二位以下のすべてのチームに自力優勝の可能性がなくなった時点で点灯する。

と「和製語」だといっています。しかし、magic number は本場の大リーグで最初に使われたことばで、アメリカの英語辞書にも、日本の英和辞典にもちゃんとでています（その意味

では、『広辞苑』が「プロ野球で」としているのは不正確です）。

なぜ『広辞苑』は「マジックナンバー」を和製語だと勘ちがいしたのだろうと不思議に思って、ちょっと調べてみました。実は、二十年以上まえの一九九〇年代には「和製語」という誤情報をいれていた辞書が複数ありました。たとえば、『大辞林』も一九九五年発行の第二版では「マジックナンバー」を「和製語」としていましたが、二〇〇六年発行の第三版ではその情報を削除して訂正しました。ところが、『広辞苑』は一九九一年発行の第四版では「和製語」としていなかったのに、一九九八年発行の第五版では「和製語」というまちがいの情報をいれて、二〇〇八年発行の第六版でも、そして最新の二〇一八年発行の第七版でもそのまちがいを放置したままです。つまり、『広辞苑』は第五版をだすときに、『大辞林』（第二版）などほかの辞書が「マジックナンバー」を「和製語」としているのを見て、本当にそれが和製語なのかどうかを確認せずに、その誤情報をちゃっかり拝借して追加したのです。そして、次の改訂の第六版をだすときには、『大辞林』（第三版）などの類書が和製語についての情報を削除しているのを見落としたか、あるいはそういう類書チェックをせずに、そのまちがった情報をそのままのせ、第七版のときも同じことをくり返し、現在にいたっているというわけです。「サンドバッグ」についての、ウィキペディアと「有吉弘行のダレトク!?」の見てきたようなうそも大概ですが、『広辞苑』のこの見てきたうその盗用もそれに負けず劣らずの感がありますね。
ここで、『新明解国語辞典』の主幹だった山田忠雄さんが半世紀ほどまえにいったことばをもう一度、引用しておきます。

思えば、辞書界の低迷は、編者の前近代的な体質と方法論の無自覚に在るのでは無いか。先行書数冊を机上にひろげ、適宜に取捨選択して一書を成すは、いわゆるパッチワークの最たるもの、所詮、芋《いも》辞書の域を出ない。その語の指す所のものを実際の用例についてよく知り、よく考え、本義を弁えた上に、広義・狭義にわたって語釈を施す以外に王道は無い。辞書は引き写しの結果ではなく、用例蒐集と思索の産物でなければならぬ。

悲しいかな、〝芋辞書〟の域をでた辞書は二十一世紀になってもまだ夢のまた夢のようです。

注1　たとえば、『改訂新版　世界大百科事典』は、〝日本では、1922年アメリカで技術を習得した渡辺勇次郎（1889-1956）が東京下目黒に日本拳闘倶楽部（クラブ）を開設したのが始まりで〟（原文は横書き、コンマ使用）といっていて、『日本大百科全書（ニッポニカ）』も同様の説明をしています。
注2　次のウェブページで国立国会図書館デジタルコレクションの画像データを見ることができま

す（19コマめ）。

https://dl.ndl.go.jp/info:ndljp/pid/987265

注3　これは同じウェブページの43コマめにあります。

問題12　「しおせんべい（塩煎餅）」は、なに味？

バカドンのパパ　塩せんべいは塩味に決まってるのだ。それ以外のなにがあるっていうのだ？

バカドン　それがあるんだね。正解は「醤油味」だよ。

バカドンのパパ　なぬ？　醤油味なら、「しおせんべい」じゃなくて「しょうゆせんべい」だろう。

バカドン　「しょうゆせんべい」は辞書にないのでわからないけど、どの辞書も塩せんべいは醤油味だとはっきりといってるよ。ほら、この『大辞林』を見てよ。

しおせんべい【塩煎餅】醤油味の、関東系の煎餅。

バカドンのパパ　塩せんべいが醤油味なら、醤油せんべいはソース味で、ソースせんべいはカレー味なのか。そんなわけないだろう。どれ、わしがきのう買ってきた塩せんべいの原材料を見てみるか。ああ、やっぱり塩だとあるぞ。

辞書の説明は、どう考えてもおかしいですね。常識的に考えれば、塩で味をつけたのが「塩せんべい」、醤油で味をつけたのが「醤油せんべい」、ソース味なら「ソースせんべい」でしょう。辞書のいうとおりなら、名前と実態がくいちがっていることになりますが、それについてはどの辞書もなにも教えてくれません。

塩せんべいは本当に醤油味なのかどうか、調べてみましょう。商品名または商品説明に「しおせんべい」とあるものをネットでさがしたところ、次の十一点が見つかりました。メーカー名、商品名、そのおもな原材料は次のとおりです（順不同）。

①　新垣屋「手焼き塩せんべい」（小麦粉、植物油、塩）
②　栄煎堂「しおせんべい」（小麦粉、卵、ピーナッツ、大豆、食塩）
③　丸吉塩せんべい屋「塩せんべい」（小麦粉、植物油脂、食塩、馬鈴薯澱粉）
④　丸眞製菓「塩せんべい」（小麦粉、加工でん粉、植物油脂、食塩）
⑤　木村「塩せん」（小麦粉、食用植物油脂、澱粉、食塩ほか）
⑥　サンシオ「大容量こわれ塩せんべい」（小麦粉、コーンスターチ、パーム油、食塩）
⑦　三原堂「塩せんべい」（うるち米、醤油、塩）
⑧　谷清製菓「塩せんべい」（食塩、うるち米、醤油）

⑨　寿屋「塩せんべい」（うるち米、砂糖、醤油、食塩ほか）
⑩　喜八堂「塩せんべい」（うるち米、岩塩）
⑪　金吾堂製菓「オリーブオイル仕立ての塩せんべい――ハーブ&ビネガー風味」（うるち米、食塩ほか）

小麦粉を使ったものが六点、うるち米のものが五点で、小麦粉を使った塩せんべいに醤油を使ったものはありません。うるち米の塩せんべいのうち、三点は醤油と塩を使っていますが、二点は塩のみです。これを見るかぎり、少なくとも現在の塩せんべいに純粋に醤油味のものはひとつもなく、辞書が「醤油味」と断定しているのは、ひかえめにいっても不適切です。

それにしても、辞書はなぜ「しおせんべい」を醤油味と断言しているのでしょうか。先行辞書の受け売りであることは、まずまちがいありません。近代国語辞書の元祖『言海』を見てみましょう。

志ほ-せんべい　（名）鹽煎餠　米ノ粉ニ鹽ヲ加エ、捏《コ》ネヒラメテ、炙《アブ》リ焼キテ、淡《ウス》ク醤油ヲ延《ヒ》キタルモノ。

米の粉に塩をいれてひらたくのばし、焼いて、醤油をひいたもの、とあります。塩と醤油の両方を使うといっているので、今の辞書よりもずっと正確です。となると、現行の辞書が手本にしているのは、おそらく『大日本国語辞典』でしょう。では、その第二巻を引いてみます。

しほ《オ》ーせんべい 鹽煎餅 **（名）** 米の粉をこね平たくして乾かし、炙り焼きて、醤油をひきたるもの。

やはり塩についての言及はなく、醤油だけをあげています。この時代の塩せんべいは醤油だけを使うものになっていたのでしょうか。歴史的な変遷のわかる資料がほしいところです。ネット検索すると、草加市史編さん委員会による草加市史調査報告書の第五集『草加せんべい──味と歴史──』（平成四年発行、平成十四年復刊発行）が見つかりました。これを入手してみると、次のようなくわしい説明がありました。

さて、江戸時代末の文政十三年（一八三〇）に著された随筆『嬉遊笑覧』（資料25）は、大都市と化した幕末の江戸の風俗を知る上で貴重な資料である。この中に初めて「塩せんべい」という記述が現れる。塩せんべいは、本所柳島（江東区亀戸から墨田区太平・横川付近）辺りで多く作られ、縁日に売られていたという。うるち米のせんべいに塩を加えたものか、小麦せんべいに塩を加えたものか不明であるが、明治時代以降に堅焼き塩せんべいが急激に流行することを考えると、このころからうるち米の塩せんべいが商品として売り出されていたのだろう。［中略］

樋口清之氏の説によると、関東では江戸時代から薄くのした餅を竹筒の型で丸く抜いて乾かし、それを焼いたものを食しており、同様のものを〝米どころ草加〟周辺でも早くから自家用として作っていたのではないかという。当初草加のせんべいは、塩を加えたり、味噌溜りを塗って作られたが、醤油の普及によって幕末から焼きせんべいに醤油を塗るようになった。従来の塩せんべいが醤油せんべいに代わったが、名前だけ古くからの習慣で塩せんべいと言い続けられたというのである。

これを見ると、「しおせんべい」は、そのことばどおりに「塩味のせんべい」だという基本の意味をのせる必要があるとわかります。そして、草加せんべいの歴史的な変化と現在の塩せんべいに共通する点を注記として補足するとよいでしょう。私案を示せば、次のようになります。

しおせんべい【塩煎餅】 うるち米または小麦粉に塩を加えて味つけしたせんべい。▼草加せんべいの塩せんべいは、うるち米を原料としていて、もとは塩味だったが、途中から醤油味にかわっている。うるち米を原料とする、他の地域の塩せんべいも、塩だけでなく、醤油も使っていることが多い。

「しおせんべい」はほとんどの辞書が採録していて、「みそせんべい」も『広辞苑』などがいれていますが、なぜか「しょうゆせんべい」と「ソースせんべい」はどの辞書にもありません。小型辞書はともかく、『広辞苑』クラスの中型以上の辞書には、これらもあってよいと思います。ちなみに、辞書は「みそせんべい」は小麦粉でつくるといっています。次の『広辞苑』のように。

みそせんべい【味噌煎餅】 味噌と小麦粉と砂糖とをこねて焼いた煎餅。

しかし、うるち米のものも広く普及していますね。

「しおせんべい」も「みそせんべい」も辞書の説明が不十分・不正確だということは、もしかしたら「せんべい」もあやしいかもしれません。念のため、『大辞林』を引いてみましょう。

せんべい【煎餅】 干菓子の一。小麦粉に砂糖・鶏卵などを加え、型や鉄板に流して焼いたもの。関東では、水でといた米の粉を蒸して搗っき、薄く伸ばして型で抜いたものを焼いて醤油などを塗ったものが多い。

最初の〝干菓子の一〟は「ひがしのいち」としか読めませんが、「ひがしのひとつ」と読むところなので、〝干菓子の一つ〟とすべきでしょう。『大辞林』自身、「ひとつ」の項では「一つ」の表記しか示していません。それはともかく、せんべいの原料は小麦粉と米の粉といっていますが、実際には小麦粉、うるち米の粉、馬鈴薯澱粉の三種があります。かわらせんべいや南部せんべいなどは小麦粉が原料で、一般のせんべいはうるち米の粉、えびせんべいなどは馬鈴薯澱粉です。

また、〝関東では、水でといた米の粉を蒸して〟といっていますが（ほかの辞書も同様）、少なくとも現在では不正確で、「うるち米の粉」としないといけません。なぜなら、うるち米のものだけを「せんべい」と呼び、もち米のものは「おかき」、そのちいさいものを「あられ」といって区別しているからです。農林水産省に問いあわせたところ、この区別に法律的な根拠はないとのことですが、一般的な社会通念としてはこれが定着していて、メーカーの原材料表示もこの区別にしたがっています。ところが、この大事な情報がどの辞書にもありません。『大辞林』の「おかき」も次のとおりです。

おかき【▽御欠き・▽御▼掻】〔もと女性語〕かきもち。現代では、小麦粉・米で作ったせんべいにもいう。

〝現代では、小麦粉・米で作ったせんべいにもいう〟は、〝現代では、うるち米の「せんべい」と区別して、もち米を原料とするものをいう〟となるところです。

問題13 「しらが」は、どこにはえる毛？

バカドンのパパ どこって、しらがはどこにでもはえるのだ、わしなんか、髪の毛にも、ひげにも、鼻毛にもしらががあるぞ。

バカドン そうなの？ でも、正解は「髪の毛」だけだよ。

バカドンのパパ なんでそうなるのだ？ 時代劇の水戸黄門さまは、髪の毛だけじゃなくて、まゆげも、口ひげも、あごひげも、みんなしらがじゃないか。

バカドン 辞書によれば、髪の毛以外は「しらが」とはいわないんだね。『角川必携国語辞典』を見てよ。

しらが【白髪】 白くなった髪《かみ》。はくはつ。

ね、〝白くなった髪〟といっているでしょ。

バカドンのパパ じゃあ、わしの鼻毛のこの白いのは、シラハナゲとでもいうのか？ そんなことば、聞いたことないぞ。

辞書はなぜか「しらが」を頭にはえる毛だけに限定しています。でも実際には、体のどこにはえようと、白くなった毛はみな「しらが」といいますね。夏目漱石の『三山居士』にもひげの「しらが」の例があります。

刈り込んだ髯《ひげ》に交る**白髪**《しらが》が、忘るべからざる彼の特徴のごとくに余の眼を射た。

「しらが」と同じことは、「きんぱつ（金髪）」にもいえます。どの辞書も次の『角川必携国語辞典』のように説明しています。

きんぱつ【金髪】金色の髪《かみ》の毛。ブロンド。

確かに、ほとんどの場合は髪の毛をさしますが、髪以外の体毛に「金髪」が使われることもあります。青空文庫で見つけた実例を示しておきます。

金髪口ひげで、垢抜けた感じの背の高い男がバンストンです。〈『諜報部』フレッド・M・ホワイト著、奥増夫訳〉

「しらが」に話を戻すと、多くの辞書が同義語に「ハクハツ（白髪）」をあげていますが、この二語はちょっとちがいますね。「しらが」は年をとったりして白くなった毛をいい、髪の毛だけでなく、ひげやまゆげなどにも使います。そして、「こんなところにしらがが一本はえてる」というように、一本の毛をさすこともあれば、「しらが頭」のように、全体的に白くなっている毛もさします。一方、「ハクハツ」は全体的に白い髪の毛のみをさすのが普通で、「ハクハツが一本はえてきた」などとはいいません。青空文庫で「はくはつ」とふりがなのついている例をさがしたところ、二十例中、十八例は頭髪全体をさしていて、残る二例も複数のしらがの意味で使われていました。

・「何だか、頭の上から圧《おさ》えられるようだ」そういったのは**白髪**《はくはつ》の多い中河予審判事だった。〈海野十三『赤外線男』〉

・俊寛様のその時の御姿は、——そうです。世間に伝わっているのは、「童《わらわ》かとすれば年老いてその貌《かお》にあらず、法師かと思えばまた髪は空《そら》ざまに生《お》い上《あが》りて**白髪**《はくはつ》多し。〈芥川龍之介『俊寛』〉

「白髪の多い」、「白髪多し」というからには、黒い毛も多少はあるわけで、部分的な「白い頭髪」を意味していることになります。それでも、ある程度まとまった白い毛をさしているという点では英語の集合名詞に似ていて、頭髪全体をさす場合と共通しているといえます。

漢語の「ハクハツ（白髪）」はややかたい感じがし、和語の「しらが」はくだけた感じがする、というちがいもあります。「ハクハツの老婦人」と「しらがのおばあさん」のちがいですね。さらにいえば、「しらが」は抜いたり、染めたりするように、あまり好ましくないものというイメージをともなって使われることが多いようです。それに対して、「ハクハツ」は、「白髪三千丈」のような慣用表現を別にすれば、「白髪の紳士」に代表されるように、全体的にきれいに白くなっている上品な感じの髪というイメージがあります。ほぼ同じものをさしてはいても、和語と漢語にはちがいがあるのです（↓「問題8」54ページ）。

辞書の「しらが」のあつかいには、もっと大きな問題があります。辞書はみな「しらが」の漢字表記を「白髪」としているのですが、これが実にやっかいな事態を引き起こすのです。「白髪」という表記は「ハクハツ」という音読みもあるので、「しらがの老人」のつもりで「白髪の老人」と書くと、「ハクハツの老人」と読まれてしまう可能性があります。「白髪」と書かれると、「しらが」と読むのか「ハクハツ」と読むのか、判断できないのです。たとえば、次のふたつの俳句の「白髪」は、はたして「しらが」なのか「ハクハツ」なのか、ぱっと見ただけではかわかりません。

- 馬子唄や**白髪**も染めで暮るる春　〈夏目漱石『草枕』〉
- **白髪**やこれほどの雪になろうとは　〈本村弘一『ぼうふり』二〇〇六年、沖積舎〉

五・七・五のリズムにあうのは「しらが」と「ハクハツ」のどちらか、両方の読みをためしてみて、やっと「…しらがもそめで…」「ハクハツや…」だとわかるのです。このように、複数の読みが可能な表記は、読み手に余計な労をとらせることになります。人に読んでもらう文章を書くときは、なるべく読みやすく、わかりやすいものにすべきで、ふたとおり（以上）の読みが可能な表記は、できるなら避けるに越したことはありません。しかし、辞書のいうとおりに書くと、それができないのです。読みをひとつに確定できないような表記を辞書が示しているからです。

なぜ辞書は「しらが」に「白髪」の表記だけをあげているのかというと、文部科学省のさだめる常用表漢字表の付表に、熟字訓として「白髪」は「しらが」と読む、とあるからです（「白髪」のように、二字以上の漢字の熟語に和語の読みをあたえたものを熟字訓といいます）。実際のところ、「白髪」と書いて「しらが」と読ませる例が圧倒的に多いことは事実です。しかし、「白毛」の表記も使われています。

・日南《ひなた》に霜が散ったように、鬢にちらちらと**白毛**《しらが》が見える。〈泉鏡花『みさごの鮨』〉

・「吉田《よしだ》さんは、東京《とうきょう》へおいきなさるって、ほんとうですか。」と、年寄《としよ》って、もう髪《かみ》に**白毛**《しらが》の見《み》える先生《せんせい》が、いわれました。〈小川未明『汽車は走る』〉

「白毛」の表記を採用しているのは『三省堂国語辞典』だけですが、ほかの辞書も常用漢字表だけを基準とせずに、文学作品などから実際の使用例を調査して、日本語の現実を反映させた表記を示してほしいと思います。意味からすれば、「しらが」は「白髪」よりも「白毛」のほうがふさわしいといえます。漢字の「髪」は「頭の毛」をさすので、「ひげにしらががまじっている」などで「白髪」と書くのはすこし違和感があります。すでに述べたように、「白髪」は「ハクハツ」とも読めてしまう、という大きな問題もあります。

では、「しらが」は「白髪」ではなく「白毛」と書けば問題解決かというと、そうはいかないのがこの問題のやっかいなところです。「白毛」の表記は、馬などの白い毛色をいう「しろげ」という読みもあるので、それと区別できなくなってしまうのです。まあ、この場合は文脈からどちらかを判断できそうですが、絶対にできるともいいきれません。ですから、「しらが」と確実に読んでもらいたいときは、漢字を使わずに、かなで「しらが」と書くのが一番です。ちなみに、漢字を使わずにかなで書くことを、出版業界用語で「ひらく（開く）」といいます。「『しらが』は漢字でなく、ひらいたほうがいいね」などと使います。便利なことばなので、一般に広まってよいように思います。

「しらが」は、かなで書けば一件落着ですが、問題は漢字語の「白髪」です。自分では「ハクハツ」のつもりで「白髪」と書いても、読み手は「しらが」と読んでしまうかもしれません。そういう読みもある、と文科省が決めていて、辞書もそれにしたがっているからです。文脈から「ハクハツ」だと判断できればよいのですが、先ほどあげた「白髪を染める」のような例では、どちらかに読みを決めることができません。確実に「ハクハツ」（または「しらが」）と読めるようにする方法は、ふりがなをつけることです。実にめんどうなことですが、そういう表記法を採用してしまっているのですから、しかたがありません。

実は、ほぼ同義の漢語と和語にまったく同じ漢字表記をあてているケースでは、この問題がかならずついてまわります。たとえば、

・「雷（ライ）」と「かみなり」——雷（ライ、かみなり）がなった
・「他（タ）」と「ほか」——その他（タ、ほか）
・「明日（ミョウニチ）」と「あす、あした」——明日（ミョウニチ、あす、あした）の午前中

などです。どちらに読まれても意味は同じなので、それほどの不都合はないかもしれません。しかし、歌の歌詞に使われていて、カラオケで歌うような場合は、どちらでもよいというわけにはいきません。また、音訳ボランティアをする人にとっては、どう読むかは切実な問題です。ですから、複数の読みが可能な漢字表記はなるべく避けるか、あるいは、ふりがなを

つけて読みをひとつに確定させるべきでしょう。和語（「かみなり」「ほか」「あした」など）を使う場合はひらがなで書くという手も有効ですが、漢語（「雷」「他」「明日」など）を使う場合は複数の読みができるので、ふりがなで対処するしかありません。

同じひとつの漢字に複数の訓読みを認めている場合には、和語と和語のペアでも同じ問題が生じます。たとえば、「ひらく」と「あく」はどちらも同じ「開く」になります。「えがく」と、「絵をかく」の「かく」も同じ表記「描く」です。書き手はどちらか一方のことばを使っているのですが、読み手はどちらなのかを考えなくてはなりません。文脈から判断できればよいのですが、これらのことばのように意味・用法が似かよっている場合には、区別できないケースが往々にしてあります。たとえば、「ドアが開いた」は「ドアがあいた」とも「ドアがひらいた」とも読めます。和語は漢字を使わずに、ひらがなで書くことにすれば、この問題から解放されます。実は、和語を漢字で表記することにはいろいろ問題があるのですが、それについては最終章の「問題22」であらためて考えることにします。

話を「しらが」に戻しますが、白くなった毛をなぜ「しらが」というのでしょうか。赤い毛は「あかげ」ですし、ほかの毛は「ひげ」「まゆげ」「むなげ」「わきげ」「むだげ」のように、みな「げ」です。『広辞苑』を引くと、

しらが【白髪】（カはケ（毛）の古形）

とあります。しかし、『日本語源大辞典』（小学館、二〇〇五年）で「け（毛）」を引くと、語源説が十とおり示されていて、カがケの古形であるというのは一仮説にすぎないことがわかります。同じ語源辞典で「しらが」を引くと、

❶シラカミ（白髪）の略〈日本釈名・類聚名物考・大言海〉。

❷シラ（白）＋カで、カはケ（毛）の古形〈岩波古語辞典・古代日本語文法の成立の研究＝山口佳紀〉。

というふたつの説が示されています。頭髪以外の毛にも「しらが」が使われることを考えると、❶の「しらかみ」の略ではなく、「白い毛」の意味だとする❷の「シラ＋カ」説が有力なように思われますが、さきほど述べたように、「カ」が「ケ」の古形だという証拠はないようです。「しろいけ」ということで、「しろ＋け」の「け」が「が」に変化した可能性はどうかと考えても、「ひげ」「まゆげ」「まつげ」「はなげ」「わきげ」「むなげ」「むだげ」「にこげ」など、ほかの複合語はみな「け」が「げ」に変化しています（このように、複合語の第二成分の語頭の清音が濁音に変化することを「連濁」といいます）。「しらが」の場合だけ、

「け」が「が」になったと見るのは無理でしょう。〝シラカミ（白髪）の略〟説がただしいとすると、最初は白い頭髪をさしていたのが、それ以外のものにも使われるようになったことになりますが、ひげなどに白い毛がはえることは昔も今も変わりないだろうに、という疑問は残ります。

折口信夫は「熟語構成法から観察した語根論の断簡」（一九三二年）で、「しらが」は「しろ＋け」の複合語で、その下にあった別の成分が脱落した可能性を示唆しています。

> 白髪《シラガ》は、けがかに屈折したと言ふ事が略《ほぼ》考へられる。併し、毛のかは上にあつて修飾する場合は訣るが、下にある場合に何故かになるのか。白毛の髪の意味であるから、此下にまう一つ熟語の主部がなければならない筈である。

ここで推測されているのは「しろ＋け＋あたま」→「しらかあたま」→「しらか」というような変化でしょうか。

以上の三語源説とはまったく別の仮説も考えられそうです。馬などの毛がもとから白いのは「しろげ」といって区別していることでわかるように、「しらが」は単に白い毛のことではありません。ほとんどの場合、黒かった毛が白く変化したものです。ということは、「しろ＋かれ（枯れ）（＋け）」というような複合語がもとになっていて、「か」は「け（毛）」の変化でも、「かみ（髪）」の省略形でもない可能性があります。この仮説の傍証となるような類例はないかとあれこれ考えたところ、「けが」があることに気づきました。『日本国語大辞典』で「けが」を引くと、

（「怪我」はあて字で、「けがる」の語幹かというが未詳）

とあります。「けがる」は「けがれる」の文語で、「けがれる」を同辞典で引くと、語源説のひとつとして〝気枯の義〟が紹介されています。不確実ながらも、「け（気）＋かれ（枯れ）」から「けが」が誕生した可能性が考えられるわけです。それならば、「しろ＋かれ（＋け）」から「しらか・しらが」が生じた可能性もありそうです。植物が青いまま枯れる「あおがれ（青枯れ）」、赤くなって枯れる「あかがれ（赤枯れ）」ということばがあるので、それにならって毛が白くなる現象を「しろがれ」ととらえても不思議はないように思われます。可能性はいろいろ考えられるものの、漢字表記の「白髪」の読みが「ハクハツ」とも「しらが」とも決められないのと同じように、「しらが」の語源も確定できないさだめなのかもしれません。

問題14　人をさすときに使うのは、手の指、それとも足の指？

バカドンのパパ　わしは足の指を使うこともあるが、普通の人は手の指なのだ。
バカドン　辞書によれば、パパだけじゃなくて、みんなそうするようだよ。
バカドンのパパ　えっ、足の指でも人をさすって、辞書はいってるのか。
バカドン　そうだよ。たとえば、『岩波国語辞典』はこういっている。

ゆび【指】手足の末端の、枝のように分かれた部分。「―一本差させない」（他から非難されるところがない。また、非難・干渉させない）

手と足の指を一緒にして説明してて、「ゆび一本差させない」という用例をうけてるでしょ。だから、足の指で人をさすこともあるってことになるんだね。
バカドンのパパ　そうか、そういうシャレたことをするのはわしだけかと思っていたが、そうじゃないのか。でも、そんな人は見たことないけどな。辞書はこっそりわしのことを見ていて、そんな説明にしたのかな。

『岩波国語辞典』の「ゆび」の項全体は次のとおりです。

ゆび【指】手足の末端の、枝のように分かれた部分。「――一本差させない」（他から非難されるところがない。また、非難・干渉させない）「――をくわえる」（熱望しながら手が出せず、むなしくながめている）「――を詰める」（やくざ者や暴力団員が小指の先を切り落として不始末をわびる）

この語釈を用例にあてはめると、次のようになります。

・指一本差させない→手足の末端の、枝のように分かれた部分の一本（をも）差させない
・指をくわえる→手足の末端の、枝のように分かれた部分をくわえる
・指を詰める→手足の末端の、枝のように分かれた部分を詰める

つまり、足の指を使って人やものをさしたり、足の指をくわえてものほしそうにながめたり、足の指を切り落として不始末をわびたりすることもある、ということです。

「ゆび」ということばは、確かに手のものも足のものもさしますが、実際には手の指のことがほとんどですね。誰かが「指が痛い」といったとき、足の指だと思う人はまずいないで

しょう。手の指は日常生活のあらゆる場面で使いますが、足の指を意識的に使うことはあまりないため、単に「ゆび」といえば手の指をさすのが常識になっているわけです。同じことは「け（毛）」についてもいえます。「け」も頭髪をさして使うことが多いものの、それ以外のものについても使われます。そのため、多くの辞書が意味をわけて説明しています。『岩波国語辞典』も次のとおりです。

け【毛】①皮膚にはえる糸状の角質形成物。［用例省略］特に限定しては、㋐頭の毛。

「け」という簡単なことばを「角質形成物」なんて聞き慣れないことばで説明されても、かえってわけがわからなくなりますが、それはおいといて、「ゆび」も同じようなあつかいが必要でしょう。語義をひとつですませるなら、次のような注記をいれるべきです。

▼普通、単に「ゆび」といったら手の指をさす。

もっとよい方法は、

ゆび【指】手の先の、いつつに枝わかれした部分。また、足の先の、いつつに枝わかれした部分もさす。▼通常、単に「ゆび」というときは手のゆびをさす。

というように、まずは手の指をさすと説明し、そのうえで注記をつけることです。こうすれば、「ゆびおりかぞえる（指折り数える）」「ゆびきり（指切り）」「ゆびさす（指さす）」「ゆびわ（指輪）」などの語や表現にある「ゆび」も、みな手の指のことだということがはっきりとわかります。

現行の辞書の「ゆび」のあつかいだと、「ゆびおり（かぞえる）」「ゆびさす」「ゆびわ」など、「ゆび」を使った複合語のほとんどがおかしなことになってしまいます。ためしに、『岩波国語辞典』でこれらを引いてみましょう。

ゆびおり【指折り】指を折り曲げて数えること。
ゆびさす【指さす】指先を向ける。
ゆびわ【指輪・指△環】飾りとして指にはめる、多く金属製の輪。

これらの語釈に使われている「指」に、前掲の「ゆび」の語釈をあてはめてみます。

ゆびおり→手足の末端の、枝のように分かれた部分を折り曲げて数えること。
ゆびさす→手足の末端の、枝のように分かれた部分の先を向ける。
ゆびわ→飾りとして手足の末端の、枝のように分かれた部分にはめる、多く金属製の輪。
このような結果になるので、「ゆび」の語釈は修正が必要なわけです。ところで、右の「ゆびわ」の語釈、〝飾りとして指にはめる、多く金属製の輪〟は日本語がよろしくありませんね。〝飾りとして指にはめる輪で、多くは金属製〟などとすべきでしょう。辞書にはこのようなぎこちない日本語がときおり見られ、ちょっと手を加えるだけでよくなるのに、と残念に思うことがあります。今から半世紀ほど前の一九七一年、雑誌『暮しの手帖』二月号に「国語の辞書をテストする」という特集記事が掲載されました。そのテスト結果のまとめとして、筆者の花森安治さんは八項目をあげ、〝3　ひとつの言葉の意味を説明するその文章が、りっぱな美しい日本語でないことが多い。くやしいではないか。〟となげいていました。今現在も、草葉の陰でくやしがっているのではないでしょうか。

　辞書の語釈を用例やほかの語の語釈にあてはめると、なかなか楽しめることがあります。傑作なのをふたつばかり紹介しましょう。まずは、『広辞苑』の「はしる」。

　はし・る【走る・奔る】勢いよくとび出したり、す早く動きつづけたりする意。①両足をす早く動かして移動する。かける。万五「すべもなく苦しくあれば出で—・り去《い》なと思へど」。平家八「栗毛なる馬の下尾白いが—・り出でたるを」。「50メートルを全力で—・る」

語義①の〝両足をす早く動かして移動する〟をふたつめの用例「栗毛なる馬の下尾白いが—・り出でたるを」にあてはめてみます。

栗毛なる馬の下尾白いが両足をす早く動かして…

おお、『平家物語』の馬は二本足だったのか、となります（この語釈の問題については「問題16」126ページを参照）。

同じ『広辞苑』からもうひとつ、「コップ」と「グラス」です。

コップ【kop オランダ・洋盃・骨杯】ガラス製の飲み物用の容器。カップ。

グラス【glass】ガラス製のコップ。洋盃。

「グラス」の語釈にある「コップ」に、「コップ」の語釈をあてはめると、

ガラス製のガラス製の飲み物用の容器。

となり、「ガラス製の」がダブっています。「グラス」は確かにガラス製ですが、「コップ」

は紙やプラスチックなどでできたものもあるので、語釈を修正しないといけません。『新選国語辞典』も「コップ」を〝ガラスの水飲み〟としていますが、ほかの辞書は多くが〝ガラス製などの〟とただしく説明しています（『明鏡国語辞典』は〝ガラスやプラスチックで作った〟と、素材をふたつに限定しているので、ちょっといけません）。

ちなみに、「コップ」と「グラス」はどちらも外来語で、ほぼ同じものをさしますが、完全な同義語ではありませんね。「コップ」は（『日本国語大辞典』によれば）ポルトガル語またはオランダ語からの借用語で、水・ジュース・牛乳など、おもにつめたい飲み物を飲むための容器をいい、多くはガラス製ですが、プラスチックや紙、銅などの金属でつくられたものもあります。一方、「グラス」は英語の glass を借用したもので、ガラス製の容器にかぎられます。そして、多くの場合、ウイスキー・ビール・ワインなど洋酒を飲むのに使います。「グラスをかたむける」といったら、ウイスキーなどの洋酒を飲むという意味ですね。青空文庫で「グラス」を検索したところ、飲み物用の容器をさす例が百ほど見つかりましたが、そのほとんどすべてが洋酒を飲むものをさして使われていました。次のように、コップと区別されている例もあります。

・そしておれは、ウイスキーを、**グラス**にではなく**コップ**に二つ求めた。〈豊島与志雄

『失われた半身』〉

・女中が、伊達巻姿で、布団を運んでくると、島村は立上って、用もないのにアトリエの扉を開いて中を覗いた。室の中を歩き廻った。**グラス**や**コップ**を片附けた。〈豊島与志雄『女客一週間』〉

断言はできませんが、ここで使われている「グラス」と「コップ」はおそらくどちらもガラス製でしょう。洋酒専用の「グラス」と、水などを飲むために日常的に使う「コップ」のちがいだと思われます。現在はジュースなどを飲むガラス容器を「グラス」と呼ぶこともありますが、「コップ」よりも高級なもの、というイメージがありますね。

なお、「グラス」は英語でもそのまま glass といえば通じますが、「コップ」は注意が必要です。ガラス製のコップは glass ですが、プラスチックや紙などでできたものは cup を使い、「紙コップ」は paper cup といいます。ちなみに、「紙コップ」はどの国語辞典にも立項されていません。辞書に「紙コップ」がなくても特に支障はありませんが、世の中に紙コップがなかったら不便でしょうがないでしょうね。そういう必需品をさすことばは、辞書にちゃんとのせてしかるべきだろうと思います。

問題15　「回転」は、どれくらいまわること？

バカドンのパパ　どれくらいって、別に決まってないのだ。ほんのすこしでもいいし、百回でも、千回でもかまわないし。

バカドン　それが、ちがうんだね。辞書によれば、「回転」は二回以上まわることだよ。

『新選国語辞典』を見てよ。

かいてん【回転】【×廻転】くるくるまわること。転回。

〝くるくるまわること〟といってるでしょ。だから、二回以上まわるんだよ。

バカドンのパパ　でも、「半回転」とか「一回転」とかいうじゃないか。

バカドン　まあ、そうだけど。でも辞書の答えは二回以上なの！

バカドンのパパ　二回以上なら、五回も含まれるな。だから、辞書の説明にはゴカイ（誤解）があるのだ。

ほとんどの辞書が、「回転」の説明に「くるくる」または「ぐるぐる」という擬態語を使っています。畳語の擬態語は複数回くり返す動き、または継続的な動きをあらわすので、「回転」は二回以上まわることだ、と辞書はいっているわけです。しかし、実際には「車がスリップして一回転した」とか、「パソコンで画像を右に九十度回転させる」などと使います。「回転」は単にまわることを意味するだけであって、どれほどまわるか、回数や度数に制限はありません。

辞書の誤解はいつから続いているのだろうと思って、古い辞書を調べてみました。『言海』には不採録でしたが、『大日本国語辞典　第二巻く～し』には次のようにありました。

くゎいてん〔廻轉　くるくるめぐること。まはること。轉廻。

問題のある語釈のほとんどは、ここが出発点のようです（もしかしたら、問題のない語釈も含めて、現行辞書の出発点がここなのかもしれません）。

先行辞書の受け売りが多い中、少数ながら独自の説明をつけている辞書もあります。次の『三省堂国語辞典』もそのひとつです。

かいてん【回転】①軸（ジク）を持つものが、まわること。また、まわすこと。「エンジンの――・――いす」②一つの点を中心にして、（まわりを）まわること。「腕（ウデ）を――させる・頭の――〔＝はたらき〕がはやい」

こちらのほうが格段にすぐれていますね。同辞書は三十年もまえの一九九二年発行の第四版ですでにこのような説明にしています（第三版は手元にないのでわかりません）。ひとつの辞書が模範的な語釈をのせると、ほかの辞書も「右へならえ」をするのかと思ったら、どうもそうではないようです。辞書の世界も同調圧力が強いのか、模範的な語釈であっても、少数意見は尊重されないのかもしれません。

それはさておき、はたして『三省堂国語辞典』の語釈で十分なのかどうか、検証してみましょう。「回転」といったときにまず頭に浮かぶのは、車輪、ろくろ、旋盤、こま、回転木馬など、軸のあるものの動きで、『三省堂国語辞典』の語義①がこれにあたります。『大日本国語辞典』などは、これらが調子よく動いている場面を思い浮かべて「くるくる」や「ぐるぐる」という修飾語を使ったのでしょう。

次に、野球、テニス、サッカーなどの球技でも、ボールの「回転」が話題になります。地球も自転という、みずから回転する動きをしています。ボールや地球のような球状のものが、その中心をとおる線を中心軸としてまわる動きも「回転」というわけですが、これも『三省堂国語辞典』の語義①に含まれると考えられます。なお、球技でのボールの回転は「スピン」（英語の spin から）ともいいますね。

さらに、先ほど例にあげた「車がスリップして一回転した」や「パソコンで画像を右に九十度回転させる」などの例もあります。球以外のものや図形など、中心軸や中心点を想定できるものにも「回転」が使えます。フィギュアスケートの四回転ジャンプや、バレーボールの回転レシーブなどもこの動きですね。これは『三省堂国語辞典』の語義①と②の両方にまたがりそうです。

以上はみなそのもの自体がまわる動きですが、地球の公転などの動きについても「回転」が使われることがあります。たとえば、『改訂新版　世界大百科事典』は「公転」を〝天体が他の天体のまわりを回る回転運動のこと〟と説明しています。これはある物体が他の物体を中心として、そのまわりをまわることです。この意味は『三省堂国語辞典』の語義②に含まれると考えられます。

次に、複合語の「回転ずし」について考えてみましょう。これはすしなどをのせた皿が循環するコンベヤの上をまわるもので、そこには中心となる軸も点もなく、それらを想定することもできず、右で確認した「回転」の意味にあてはまりません。日本語としては、「回転」よりも「循環」や「旋回」のほうがふさわしい気がします。実際、回転ずしの原型を発明した元禄産業の創始者・白石義明さん（故人）は、これを「コンベア旋回式食事台」として特許を取得しています。そして、昭和三十三年（一九五八年）四月に東大阪市にオープンしたその第一号店は「廻る元禄寿司1号店」という名前でした。

では、「かいてんずし」ということばは、いつできたのでしょうか。国立国会図書館デジタルコレクションを検索したところ、一九八三年に発行された『とうほく財界：東北ビジネスの総合情報誌』に「回転寿司」とあるのが初出でした。一九八六年九月号の『月刊食堂』には、「火を吹く郊外すし戦争――回転ずしV.S.すしファミリーレストラン」と題された記事が掲載されているので、このころには（少なくとも業界内では）かなり広く使われていたようです。『朝日新聞』と『読売新聞』のデジタルデータ検索では、もっとあとの時期の例しか見つかりませんでした。

「かいてんずし」は、なぜか最大の『日本国語大辞典』には不採録ですが、ほとんどの辞書が採録していて、『旺文社国語辞典』には次のような補足説明もついています。
◆大阪の元禄《げんろく》寿司が開発、一九五八（昭和三十三）年に一号店を開店したのが最初。
この説明は事実としてはただしいのですが、やや問題です。これを読んだ人は、最初から「かいてんずし」の名が使われていたように誤解してしまうかもしれませんが、そうでないことは右にのべたとおりです。

「回転」の名にそぐわない例として、スキーの「回転競技」もあげられます。この競技では選手は間隔をおいて立てられた旗門を通過しますが、それはぬうようなジグザグの動きであって、「回転」とは異なります。英語の名称はスラローム（slalom）で、原語はノルウェー語ですが、この語には「回転」というような意味はないので、翻訳借用したわけではなさそうです。なぜ「回転競技」という名称が定着したのかは不明です。滑降競技にくらべて、体を左右に回転させる動きが多いからでしょうか。

動きとしての「回転」の意味・用法は、大体のところ以上でよさそうです。「回転ずし」や「回転競技」などの例外はあるものの、一般に「回転」というときは、「ひとつの軸や点を中心としてまわること」を意味すると考えられます。『三省堂国語辞典』は語義をふたつにわけていますが、このように説明すればひとつにまとめることも可能でしょう。

なお、「回転」の複合語「回転ドア」または「回転とびら（扉）」が、なぜか小型辞書にありません（『新明解国語辞典』は用例に「回転ドア」をいれています）。回転ドアはよく事故がおきてニュースになるので、見だしにあってしかるべきだと思います。また、どの辞書にも「回転ベッド」が採録されていません。昔、ＮＨＫの番組で『連想ゲーム』（一九六九〜一九九一年）というのがありましたが、キャプテンが「回転」とヒントをだすと、すかさず

「ベッド」と答えた回答者がいたそうです（確か、出演者の中田喜子さんが『徹子の部屋』だったかで、そう語っていたと記憶しています）。結局、その部分はカットされて放送されなかったようですが、それくらい認知度の高い（あるいは、高かった）ことばです。廃語になったわけではなく、現在も使われているようですから、すくなくとも中型以上の辞書にはいれるべきではないでしょうか。

「回転ベッド」を辞書が採録していないのは、もしかしたら性と関連しているからかもしれません。というのは、辞書は性に関して妙に潔癖というか、カマトト的なところがあって、性に関することばを無視する傾向があるからです。たとえば、ひと昔まえまで観光地でよく見かけた「秘宝館」も、どの辞書にものっていません。そればかりか、『岩波国語辞典』にいたっては「のどちんこ」さえ採録していません。認知度も使用頻度も圧倒的におとる「のどひこ」は立項しているので、「のどちんこ」を意図的に避けているとしか考えられません（『角川必携国語辞典』にはどちらも不採録で、その意図は不明です）。ちいさな子どもに対してもごく普通に使われる、こんな身近なことばまでもタブーあつかいするなんて、夏目漱石の『坊っちゃん』にでてくる赤シャツなら、「神経に異状があるに相違ない」といいそうです。現に使われていることばを、予断も偏見ももたずに幅広く収集し、使用頻度に応じて採録する、というのは辞書の基本ではないでしょうか。実際、どの辞書もそのような方針をのべています。たとえば、『岩波国語辞典』は「はじめに」で、〝この辞書は、現代の、話し、聞き、読み、書く上で必要な語を収め、それらの意味・用法を明らかにしようとした〟といっています。現代の日本社会で話し、聞くうえで、「のどちんこ」は絶対に必要な語でしょう。『岩波国語辞典』と『角川必携国語辞典』以外の辞書は、みなそう考えています。

ちなみに、「のどちんこ」は見だしにしていても、その成分である「ちんこ」をいれているのは『日本国語大辞典』『広辞苑』『大辞林』『大辞泉』だけで、小型辞書にはありません。それでいて、同義語の「ちんちん」は『角川必携国語辞典』以外のすべての辞書が採録しています。同義語の漢語「男根」と「陰茎」もほとんどの辞書が立項しています。「ダンコン」も「インケイ」もひどく語感の悪いことばで、日常生活で使われることは絶無といってよいでしょう。それにくらべたら、「ちんこ」も「ちんちん」もかわいらしいことばで、特に子どものいる家庭ではよく使われています。それなのに、なぜ「ちんこ」だけが冷遇されなければいけないのか、私にはさっぱりわかりません。

問題16　カニが「あるく（歩く）」と、どっち方向に進む？

バカドンのパパ　こっちか、あっちか、それが問題だ、なんちゃって。冗談はさておき、カニは横に進むのに決まっているのだ。「カニの横歩き」というくらいだからな。

バカドン　ブブー。正解は「前」だよ～。辞書で「あるく」を引くと、「前に進む」ことだって説明しているのが多いからね。『新明解国語辞典』もそうだよ。

あるく【歩く】〔常に、左右いずれかの踵《カカト》を地に着けた状態で〕足を交互に前へ出して、進む。

ね、前へ進むっていってるでしょ。

バカドンのパパ　でも、カニは横に歩くし、バカドンだって、ふざけてうしろに歩くことがよくあるじゃないか。辞書のその説明は、まるっきりあさっての方向にいっているのだ。

『新明解国語辞典』の「あるく」の語釈は、一読しただけでもツッコミどころ満載です。

まず、〝常に、左右いずれかの踵《カカト》を地に着けた状態で〟が問題です。カニにかかとはないし、犬や猫などの動物のかかとは上のほうにあるので（上図参照）、歩くときに地についているのはつま先だけです。人間でも、こんな歩きかたはしませんね。私たちが歩くときは、普通、うしろの足のかかとをあげるのとほとんど同時に前の足をだしますから。さらに、歩くのは地面とはかぎりません。畳の上も歩くし、綱渡りの芸人のようにロープの上を歩くこともあります。〝足を交互に前へ出して〟はカニの場合にはあてはまりません（ちなみに、『大辞林』『大辞泉』『新選国語辞典』『三省堂国語辞典』も前に進むといっています）。人間も「うしろ歩き」といって、うしろ向きに歩くことがあります。また、片足をひきずって歩くときは、うしろの足が前にでることはないので、〝足を交互に前へ〟も不適切です。ということで、この語釈は国語のテスト答案として採点するなら、完全なバツ、零点です。

ほかの辞書はどうしているのか、『岩波国語辞典』を見てみましょう。

あるく【歩く】 地面などから両足が同時に離れる瞬間が無いような、足の運び方で、進む。

〝両足〟とあるのはいけませんね（『明鏡国語辞典』も同じような説明です）。「犬も歩けば棒に当たる」というように、動物も普通に歩きますから（同様に、「はしる」の語釈にも「両足」を使ってはいけないのですが、『広辞苑』や『岩波国語辞典』などはそうしています。↓「問題14」113ページ）。また、両足が同時に地面などからはなれることはないといっていますが、そうともかぎりません。「スキップして歩く」場合は、うしろの足を二度つづけざまに軽くけるようにしてはねるので、両足とも地についてない瞬間があります。また、「それが本当だったら、町中をさか立ちして歩いてやる」なんていいますが、さか立ちして歩くときは手を使うので、両足ともに宙に浮きっぱなしです。したがって、この語釈もやっぱり不合格です。

次は、『三省堂国語辞典』です。

あるく〔歩く〕足をかわるがわる前に出し、地面をふんで場所を移る。

この説明は人間だけでなく、動物にもあてはまります。かならず片足が地面についているともいっていないので、これが一番よさそうです。それでも、さか立ちして歩く場合にはあてはまらないし、〝足をかわるがわる前に〟だす、〝地面をふんで〟という部分は、すでに見たような例外があるので、これもイマイチです。

『角川必携国語辞典』だけはちょっと変わった語釈をつけています。

あるく【歩く】 足や乗り物などを使って移動する。

ほかの辞書とちがって、足の動きなどまったく問題にしていません。そういう見かたもあるかもしれませんが、いかんせんこの説明はおおざっぱすぎますね。これだと、車や電車でどこかへ行くのも「あるく」といえることになってしまいますから。

辞書の説明はどれも不適切・不十分なので、独自に考えることにしましょう。辞書は「あるく」を足を使った動作としかとらえていませんが、「さか立ちして歩く」というように、手を使った動きにも「あるく」が使われます。また、両ひざや腰が痛くて立てないとき、はって歩くことがありますが、この場合も、おもに使うのは足ではなくて手です。多くの辞書が〝足を前にだす〟〝前に進む〟と説明していますが、足をうしろにだしてうしろに進むこともあれば、横にだして横に進むこともあります。このように、「あるく」は、頭にぱっと浮かぶ典型的な動作だけでなく、さまざまな例外的な動きにも使われます。こうして見ると、多くの辞書がしているように、その動作の様態から中心的な意味（言語学でいう「意義素」）をとりだすのは、どうも無理そうです。

「あるく」について確実にいえるのは、人や（足のある）動物が地上を自力で移動する動作であること、そして通常は足を交互にだして進むことです。この通常の動作と、「さか立ちして歩く」「はって歩く」「スキップして歩く」などの例外的動作に共通するものを意味としてとりだす必要があります。

その第一歩として、似た動作である「はしる（走る）」と比較してみましょう。「はしる」と「あるく」は、典型的にはどちらも足を使って移動する動きですが、すぐに気がつくのはスピードのちがいです。しかし、ゆっくり走るよりも早足で歩いたほうがはやいこともあるので、スピードが決定的な要素ではなさそうです。辞書は「はしる」をどうとらえているのか、『新明解国語辞典』を見てみます。

はしる【走る】〔人間・鳥獣が〕足で地面を蹴《ヶ》るようにして速く移動する。

〝足で地面を蹴《ヶ》るようにして〟といっていますが、「廊下を走るな」というように、走る場所は地面とはかぎりません。それはともかく、「はしる」と「あるく」のちがいは、足で地面をけるようにする動きの有無にあるのでしょうか。

『岩波国語辞典』はちょっと意見がちがうようで、「はしる」を次のように説明しています。

はしる【走る】 両足が地面などから同時に離れる瞬間があるような、足の運び方で、速く進む。

両足が宙に浮いた状態があるかないかのちがいだ、という見立てです。しかし、一般に「あるく」「はしる」という場合の動作は必ずしもこのとおりにはなっていません。すでに見たように、「スキップして歩く」ときは両足が同時にはなれる瞬間がありますが、「スキップして走る」とはいいません。また、歩いているのか走っているのかわからないような、非常にゆっくりしたスピードでジョギングしている人を見かけることがありますが、そのようなケースでは両足が同時に地面からはなれる瞬間はなさそうです。それでも本人は走っているつもりでいますし、まわりの人も「歩いている」とは見なしません。「あるく」と同じように、「はしる」もまた、その動作から中心的な意味をとりだすのは無理なようです。

そこで、「あるく」と「はしる」はどのような動きなのかと考えるのではなく、どのようなときに私たちは歩いたり、走ったりするのか、「あるく」と「はしる」はどのような語と結びつくのかを考えてみることにします。

「あるく」ことは、人にとっても動物（といっても、足のある動物にかぎられますが）にとっても、もっとも基本的な移動方法です。そのため、「であるく（出歩く）」「たべあるく（食べ歩く）」「のみあるく（飲み歩く）」「あそびあるく（遊び歩く）」「たずねあるく（尋ね歩く）」「もちあるく（持ち歩く）」など、さまざまな動詞について、なにかをして移動する意味の複合語をつくります。「あいつは毎晩、あちこちを飲み歩いている」などという例では、実際には電車やタクシーなどの交通手段を使っていることもあります。

一方、「はしる」がほかの動詞のうしろにつく例（たとえば、「たべはしる」「あそびはしる」など）はなく、名詞などのうしろにつく例も「ひたはしる（ひた走る）」「くちばしる（口走る）」「さきばしる（先走る）」「ちばしる（血走る）」などがあるだけです。このうち、足を使った動きは「ひたはしる」のみです。「あるく」が通常の移動方法であるのに対して、「はしる」は特殊な場合にとる移動方法で、意味の中心は移動にあるというよりも、勢いのついた動きにあるためと考えられます。

人や（足のある）動物がとる通常の移動方法は「あるく」です。ここに意味の核心があると考えれば、足を使わないのになぜ「さか立ちして歩く」や「はって歩く」などというのかも理解できます。どちらも日常生活における移動行為であることに変わりはないからです。「スキップして歩く」や「あちこち飲み歩く」場合も同様です。

私たちがなにかをするために移動しようとするとき、基本的には「あるく」方法をとります。「はしる」のは（一）急ぎのとき、（二）逃げるとき、（三）運動するときというように、緊急事態や非日常的な活動においてです。犬や猫などの動物の場合も、やはり「あるく」が通常の移動方法であって、「はしる」のはおもに追いかける場合か逃げる場合です。

人や（足のある）動物にとって、通常の基本的移動方法が、足を使って進む「あるく」で、特に急いだり、逃げたり、追いかけたり、運動したりするときに、地面などをけるようにして足をすばやく動かして進むのが「はしる」だといえるでしょう。はたから見たら、歩いているのか走っているのかわからないようなスピードでジョギングしている人も、その人にとっては運動するという非日常的な活動であるために、「走っている」と認識されるのです。

ことばの意味をただしくとらえようとするなら、そのことばがどのような状況で、どのように使われるのか、ほかのどのような語と結びつくのか、といった広い視点から考える必要があります。この点をふまえて「あるく」と「はしる」の語義説明の私案を示すと、次のようになります。

あるく【歩く】（動）人や（足のある）動物の通常の移動手段で、基本的には足を交互に動かして進む。▼「さか立ちしてあるく」「はってあるく」のように、足を使わないで移動する場合にも用いる。また、「足を引きずってあるく」のように、足を交互に動かさないこともある。

はしる【走る】（動）人や（足のある）動物が、急ぐ・逃げる・追いかける・運動するなどの目的で、足で地面などをけるようにして、すばやく移動する。

問題17 電柱を「ける」、けられた電柱はどうなる？

バカドンのパパ　電柱をけったら、電柱はふっ飛ぶのだ。
バカドン　ピンポン、ピンポン。大正解！
バカドンのパパ　な、な、なんだって！〔冗談だろ。
バカドン　〔冗談なんかじゃないよ。辞書によると、それが正解なんだよ。『学研現代新国語辞典』を見てよ。

ける【蹴る】〔勢いをつけて〕足で物をつきやる。また、はねとばす。

〝物をつきやる。また、はねとばす〟といってるでしょ。だから、電柱をけったら、電柱はふっ飛ぶというわけ。

バカドンのパパ　そうか、わしがふざけていったのと同じことを辞書がいうなんて、辞書もなかなかやるじゃないか。もしかしたら、バカ田大学の出身者が辞書をつくっているのかもしれないな。

電柱や壁をけったら、電柱や壁が動くなんて、辞書は本当におもしろいことをいいますね。漫画やアニメ、映画ではそんな場面をよく見ますが、現実の世界ではまずありません。「ける」はあくまでも〝足をいきおいよく対象にあてる、またはそのような動きする〟ことをいうのであって、その結果としてけられたものが動くことまでは意味しないのです。鉄棒の技に「けあがり」がありますが、『広辞苑』は次のように説明しています。

けあがり【蹴上がり】鉄棒などにぶらさがって両足で宙を蹴るようにし、その反動で体を上げること。

〝宙を蹴る〟といっていますが、宙は動きません。

また、『学研現代新国語辞典』ほか、多くの辞書が「ける」の説明に「つきやる」「つきとばす」「つく」という語を用いていますが、「ける」と「つきやる」「つきとばす」では動きがことなります。「つく」というのは、剣道や空手の「つき（突き）」が示すように、直線的な動きをいう語です。「ける」はサッカーボールをける場合が典型的ですが、足を「ふる（振る）」のが普通です。空手の前げりやうしろげりのように、「つく」と表現できる場合もありますが、ほとんどの場合は足を振りまわす動きです。

一部の辞書は、「ける」ときに使う足の部分を「足の先」などと限定しています。『新明解国語辞典』をご覧ください（『岩波国語辞典』の語釈も同様）。

ける【蹴る】〈(なにデ) なにヲ（どこニ）―〉足の先を突き出したり はずみをつけて勢いよく振り出した足の甲を強く当てたりなどして、その物を急激に動かす。

しかし、けるのはなにも「足の先」や「足の甲」とはかぎりません。空手やキックボクシングなどの「ひざげり」ではひざをあて、サッカーの「ヒールキック」では、かかとでボールをけります。

このように、ほとんどの辞書が問題だらけの語釈をあたえている中で、『角川必携国語辞典』は適切な説明をしています（『明鏡国語辞典』も同様）。

ける【×蹴る】足にはずみをつけて、足さきやかかと、ひざを強く相手にぶつける。「ボールを―」

ボールなどの事物を「相手」と呼ぶことはないので、〝相手に〟は〝対象に〟とすべきだと思いますが、その点をのぞけば、ほかの辞書とはくらべものにならないくらいにすぐれていますね。

「ける」の名詞形は「けり」で、「けりをいれる」のように単純語として使います。それなのに、これを採録している辞書がほとんどありません。見だし語として立てているのは『大辞泉』と『明鏡国語辞典』だけです（『三省堂国語辞典』は「ける」の派生語としていれています）。その一方で、「なぐる」の名詞形「なぐり」は単純語としては一般には使われませんが、『新明解国語辞典』などは、

なぐり【殴(り)】㊀殴ること。「横—の雨」

と、名詞として立項しています。しかし、現代語としてはもっぱら「よこなぐり」「なぐりがき」のような複合語としての用法にかぎられるので、造語成分とすべきものでしょう（『新明解国語辞典』は造語成分の用法を語義の二にしています）。単純語として一般に使われる「けり」を見だしに立てないで、単純語としては一般には使われない「なぐり」を立てているのは、なんとも奇妙です。

「けり」とほぼ同義の外来語に「キック」があります。これまでに見てきた外来語の特徴を考えると、「キック」も多くは複合語で使われ、単独で使われる場合は意味・用法が「けり、けること」よりもせまくなっているはずです。実際、「キック（する）」が単純語として使われるのはおもにサッカーやキックボクシング、水泳などのスポーツにかぎられそうです。辞書は「ドッグ」や「キー」などの外来語には同義語の和語（または漢語）を示すだけでし

たが、「キック」についてはなぜか非常に丁寧な説明をしています。その中で特に丁寧なのが『大辞林』です。

キック〖kick〗けること。サッカーやラグビーで、ボールをけること、水泳で水をけること、格闘技で相手をけることなどをいう。

ほとんど文句のつけようのない説明になっています。ただし、水泳だけでなく、陸上競技などで地面をけることも「キック」といいますね。また、〝格闘技で相手をける〟は〝キックボクシングなどで相手をける〟とすべきでしょう。空手などの日本古来の格闘技では、従来どおりに「けり」を使うほうが多いはずです。

「キック」で思いだすのは、今はなきプロレス界の巨人、ジャイアント馬場選手の十六文キックです。私の高校時代の数学の先生は空手をやっていて、どういう話の流れでそうなったのかは忘れましたが、授業中に「ジャイアント馬場の十六文キックなんていってるが、あれはキックじゃなくてプッシュだ。キックというのはこういうのをいうんだ」といって、いきなり教壇の側面にバシンとすばやい前げりをいれて、キックというのがどういうものかを実演して見せてくれたことがあります。確かに、馬場選手の十六文キックは、キックよりはプッシュというほうがふさわしい動きでした。

問題18 「にる（煮る）」と「ゆでる（茹でる）」は、どうちがう？

バカドンのパパ　「にる」と「ゆでる」のちがいか。うーん、どっちもお湯を使うけど、どうちがうのかな。

バカドン　辞書によれば、「にる」は素材を水などにいれて熱する場合で、「ゆでる」は素材をいきなり熱湯にいれる場合だよ。

バカドンのパパ　そういうちがいなのか？　なんか、ちがうような気がするな。卵をゆでるときはどうする？

バカドン　卵をゆでるときは、おなべに水をいれて、そこに卵をいれて――この順番は逆でもいいけど――それから火をつけるね。

バカドンのパパ　そうなのだ。でも、バカドンはいま「ゆでる」は素材をいきなり熱湯にいれることだといったぞ。

バカドン　あっ、そうか。辞書の説明とちがうね。

バカドンのパパ　辞書はちょっとつめが甘いようだな。「にる」と「ゆでる」の意味については、もっと考えをつめる必要があるのだ。

「ゆでる」と「にる」はどうちがうのでしょうか。卵は普通「ゆでる」といいますが、「ゆでたまご」だけでなく「にたまご（煮卵）」もあります。そばやうどんなども普通は「ゆでる」ですが、「にこみ（煮込み）うどん」のように「にる」も使います。いもは「ゆでる」「にる」のどちらもありますが、ゆでたいもについて「このいも、よく煮えてないね」とはいっても、「このいも、よくゆだってないね」とはいいません。「ゆでる」と「にる」の使いわけは、なかなか悩ましい問題です。ところが、辞書はあまり悩む様子もなく、次の『角川必携国語辞典』のような説明ですませています。

にる【煮る・×烹る】食物に水や調味料を加え、熱を通して食べられるようにする。
ゆでる【×茹でる】熱湯でにる。「うでる」とも。

「にる」は〝熱を通して食べられるようにする〟とありますが、「ゆでる」は〝熱湯でにる〟となっています。つまり、最初から熱湯を使うのが「ゆでる」で、そうでないのが「にる」だというわけです。

しかし、ゆで卵は普通、水をいれた鍋に卵をいれて、それから熱を加えます。調理の専門用語辞典『改訂　調理用語辞典』（社団法人　全国調理師養成施設協会、一九九八）もそのように説明しています（原文は横書きでコンマを使用）。

ハードボイルドエッグ

［㊥hard-boiled eggs］

ゆで卵の一つ。かたゆで卵のこと。フランス語でウー・デュール。鍋に卵がかぶる程度に水を入れて加熱し、沸騰水中で12分前後ゆでる。ゆで上がったら、水につけてから殻をむく。

国語辞典は、熱湯にいきなりいれるのが「ゆでる」で、そうでないのは「にる」だと説明していたので、国語辞典の説明を信じるなら、ゆで卵は「にる」ことになりますが、ゆでるから「ゆで卵」なのであって、煮たら「煮卵」になってしまいます。

国語辞典はどこをまちがえているのでしょうか。『角川必携国語辞典』は、「にる」は〝熱を通して〟というだけで、どの程度まで加熱するのかについては言及していません（ほかの辞書も同様）。「ゆでる」の説明とちがって、「熱湯」ということばを使っていないのです。

つまり、辞書の説明を厳密に解釈すると、まずお湯を沸騰させて、その中に素材をいれて調理するのが「ゆでる」で、素材を水などの中にいれて、火にかけて熱をとおすものの、沸騰させるとはかぎらないのが「にる」だ、ということになります。しかし、料理をする人なら誰もが知っていることですが、「ゆでる」も「にる」も普通は沸騰したお湯を使います。でないと、「なまゆで（生茹で）」または「なまにえ（生煮え）」になってしまって、せっかくの料理がだいなしです。また、温泉卵のように、熱湯を使わずに「ゆでる」こともあります。「ゆでる」と「にる」のちがいは、お湯の温度とは関係がない、ということです。

辞書は、「にる」はかならず水の段階から素材をいれるといっていました。しかし、インスタントラーメンは最初にお湯をわかして、それから素材である麺をいれますが、普通「ゆでる」ではなく「にる」といいます。また、魚を煮るときなどは、お湯が沸騰してからいれるのがコツです。前掲の『改訂　調理用語辞典』の「にざかな」の項を見ると、

にざかな【煮魚】
しょうゆ、砂糖、酒、水などを合わせた煮汁で煮た魚のこと。魚臭を抑えたり、味を引きしめるためにショウガなどを加えて煮る。魚を煮るときは煮汁を煮立ててから入れる。こうすると、魚の表面のタンパク質が熱によりすぐ凝固するため、魚のうま味が煮汁に溶け出すのを防ぐ。

とあります。〝魚を煮るときは煮汁を煮立ててから入れる〟といっているので、水の段階から素材をいれるのが「にる」だ、という辞書の解釈は完全にアウトです。

同辞典は、「にる」の項で、「ゆでる」とのちがいを次のように説明しています。

にる【煮る】［㊥boil］
湿式加熱の一つで、煮汁の対流により食品を加熱する調理操作のこと。水だけの加熱をゆでるといい、煮汁中に調味料を入れて加熱することを煮るという。［以下略］

水だけの加熱が「ゆでる」で、調味料をいれての加熱が「にる」だと断言しています。確かに、「ゆでたまご（ゆで卵）」と「にたまご（煮卵）」は、ただのお湯か、調味料のはいったお湯かのちがいといえそうです。また、いもをゆでるときはただのお湯ですが、いもの「にっころがし（煮っ転がし）」は味のついた汁にいれます。ここまでは合格ですが、本当にこれですべてを説明できるのでしょうか。水だけで煮ることは絶対にないのでしょうか。そう考えると、すぐに「みずに（水煮）」ということばがあることに気づきます。『大辞林』で「みずに」を引くと、

みずに【水煮】 味つけをせず、水だけで煮ること。また、その煮たもの。薄塩味のものもいう。

とあります。味つけした汁での加熱が「にる」だ、とする説もどうやらボツです。
「ゆでる」と「にる」のちがいは、熱湯かどうか、水の段階から素材をいれるのかどうか、

水または湯に味がついているかどうか、といった水または湯の状態とは一切関係がないことがわかりました。となると、考えられるのは素材そのもののちがいか、または素材とお湯との関係のちがいです。「ゆでたまご」と「にたまご」のように、同じ素材に両方のことばが使われることを考えると、素材のちがいではありません。残るは素材とお湯との関係です。

では、「ゆでる」ときと「にる」とき、素材とお湯がどんな関係にあるのか調べてみましょう。「ゆでる」のは卵、そば・うどん・ラーメン・スパゲッティなどの麺類、じゃがいも・ほうれん草などの野菜類（おもに葉菜類）です。これらはお湯の中で加熱処理したあとに湯からだして食べます。湯からだして、塩や醤油などの調味料をつけてそのまま食べることもあれば、そのあとにいためるなど、さらに手をくわえることもありますが、一旦、湯からだす、いいかえれば素材と湯を分離することは共通です。一方、「にる」のはあずきなどの豆や大根、里いもなどの野菜類（おもに根菜類）、魚、おかゆ、シチュー、ジャムなどです。これらは普通、お湯の中で加熱したあとに素材を湯からだすことはありません。

どうやら答えが見えてきたようです。〝食べるために（通例、沸騰した）湯の中で食品を加熱処理して、湯からだして供する方法〟が「ゆでる」だと考えられます。それに対して、「にる」は〝（通例、沸騰した）湯の中で食品を加熱処理する方法を広くさし、素材を湯からださずにそのまま供することが多い〟といえます。「にる」ものは湯からださすにそのまま食べることが多いので、そのまえに味つけをする必要があり、お湯に調味料を加えるわけですね。なお、「ゆでる」はかならず湯からだしますが、「にる」はかならずしも煮汁と一緒とはかぎらず、煮卵のように煮汁からだすこともあります。素材を湯からだすのではなく、素材はそのままにして湯だけを鍋からだすのを「ゆでこぼす」といいますが、これも素材を湯から分離する方法なので、「ゆでる」の一種とみなされているのでしょう。

そば、うどん、生のラーメンなど、麺と汁を別々に調理して、あとで麺を湯からだして汁にいれて食べるものは「ゆでる」といいます。「にこみうどん」のように、味をつけた煮汁の中で加熱して、煮汁と一緒に食器にうつす場合は「にる」です。インスタント・ラーメンの場合も、お湯に麺とスープを一緒にいれて調理し、それをそっくり食器に移して食べるのが普通なので、「にる」といいます（麺とスープを別々に調理して、麺を湯からだす場合には「ゆでる」ですが）。「にる」の複合語に「にこむ（煮込む）」「につめる（煮詰める）」がありますが、「ゆでる」の複合語に「ゆでこむ」「ゆでつめる」はありません。「ゆでる」は素材が食べられる状態になったら湯からだしてしまうことをいうのですから、そうした複合語がないのも当然といえます。なお、「ゆでる」の古語は「ゆづ」ですが、語源的には「ゆ（湯）」「でる（出る）」「いづ（出づ）」と関係がありそうです。『日本語源大辞典』（小学館）にも、〝ユ（湯）を活用した語〟と〝ユデは湯出の義〟というふたつの語源説が紹介されています。

料理法についての「ゆでる」と「にる」のちがいは、これでほぼ解明されたといってよさそうです。しかし、念をいれて、右の説にあてはまらない例はないかと考えてみると、ひとつ思いあたるものがあります。「にぼし（煮干し）」です。これは煮て、湯からだして、それを干したものです。「にる」と「ゆでる」の使いわけからすると、「にぼし」よりも「ゆでぼし」のほうがふさわしいように感じられますが、なぜ「にぼし」というのでしょうか。その理由は、「ゆでる」が食べるために湯で処理してからとりだす方法をさすことにある、と考えられます。煮干しは食べるためではなく、「だし」として保存して使うために、水による加熱処理をほどこすものなので、「ゆでぼし」ではなく「にぼし」なのでしょう。

「ゆでる」は食べるためにおこなう行為ですが、「にる」は食べるためだけでなく、もっと広い目的でもおこなわれます。たとえば、染めものや紙づくりで原料を熱湯で処理することも「にる」といいます（ちなみに、『新明解国語辞典』と『日本国語大辞典』以外の辞書の多くがこの用法を見落としています）。「にる」は水の中で素材を加熱処理する方法を幅広くさすことばで、「ゆでる」はその特殊なケースをいうと考えられます。調理法として食品を「にて」、湯からだして食べる場合が「ゆでる」ということですね。ゆでたいもについて「よく煮えている・煮えてない」などといいますが、その場合は、素材を湯からだすかどうかに焦点があるのではなく、湯での加熱処理が十分であるかどうかを問題にしているので、「にる」の派生形である「にえる」がふさわしいのでしょう。また、あつい風呂に長くはいったときなどに、「ゆだっちゃうよ」ということがあります。風呂というのは、湯にはいって一定の時間が経過したら、かならずでるものですね。湯からでることが前提としてあるので、この場合は「にえちゃうよ」ではなく、「ゆだっちゃうよ」なのでしょう。私たちが普段なにげなく使っていることばも、よくよく考えると、実にいいえて妙だと感心します。

問題19 「たつ」と「すわる」、赤ちゃんが先にできるようになるのはどっち？

バカドンのパパ　それは「すわる」なのだ。

バカドン　ブブー。正解は「たつ」だよ。

バカドンのパパ　ばかをいうな。赤ちゃんは座ってから立つようになるに決まってるじゃないか。バカドンが赤んぼうのときだって、そうだったのだ。

バカドン　そうなの？　ぼく覚えてないけど。でも、辞書は「すわる」は「たつ」のあとだといってるよ。たとえば、『大辞泉』で「すわる」を引くと、こうあるよ。

すわる【座る・×坐る】ひざを折り曲げて、物の上に腰を下ろす。

この説明だと、座る前はひざをのばしていて、腰は上のほうにあったことになるでしょ。つまり、座るためには立っている必要があるんだね。

バカドンのパパ　そんなことはないのだ。「首がすわる」「目がすわる」というけど、首や目はその前に立っていたりしないのだ。

辞書はみな「すわる」を〝ひざを折り曲げて〟というように説明していて、立った姿勢から腰をおろす動作と見ています。しかし、人間の赤ちゃんはまず「すわる」ことを覚え、それから「たつ」ようになります。まだつかまり立ちもできない赤ちゃんでも座ることができますが、それはひざを折り曲げて、腰をおろす動きではありません。赤ちゃんだけでなく、おとながけがや病気で寝たきりになってしまい、「ベッドに座ることもできない」という場合も、立った姿勢からの動きではなく、寝た姿勢からの動きです。辞書は完全に誤解していますが、ただしい意味は、

ゆかや椅子などにしりをつけて体重をささえ、上半身をほぼ直立させた姿勢にたもったまま安定した状態になる。

といった感じになります。これだと、「赤ちゃんの首がすわる」や「酔って目がすわる」などという場合と、意味的につながっているのがよくわかりますね。どれもみな、〝安定して動かない状態になる〟ことだからです。

辞書の〝ひざを折り曲げて〟という説明では、「首がすわる」や「目がすわる」などというときの用法との意味的なつながりが読みとれません。そのせいなのか、「座る」と「据わる」を別の見だしにしている辞書もあります。たとえば、『大辞泉』（『三省堂国語辞典』『新

選国語辞典』『明鏡国語辞典』なども同様)。

すわ・る【座る―×坐る】《「据わる」と同語源》ひざを折り曲げて、物の上に腰を下ろす。「畳に―・る」「上座に―・る」

すわ・る【据わる】ぐらつかないで安定してくる。しっかりと定まる。「赤ん坊の首が―・る」

「すわる(座る)」の項に〝「据わる」と同語源〟という注記をいれていますが、「座る」と「据わる」は同語源の別語ではなく、同一の語です。同じ「すわる」という語に対して、ある意味・用法のときは漢字の「座」をあてて「座る」と書き、別の意味・用法のときは「据」をあてて「据わる」と書くことが多い、というだけの話です。「座る」を「据わる」と書いたからといって、それが別の語になるわけではありません。実際、森鴎外などの昔の作家は「座る」の意味で「据わる」と書いています。

海を眺めてゐる白髪の主人は、此松の幾本かを切つて、松林の中へ嵌め込んだやうに立てた小家の一間に**据わつてゐる**。〈森鴎外『妄想』〉

いろいろな場面で使われる「すわる」ということばに対して、ひとつの共通する中心的な意味（意義素）をうまくとりだせないから、あるいは、別の漢字をあてて書きわけることが多いから、というだけで別のことばとしてあつかうのは乱暴です。

「すわる」はいわゆる自動詞で、その対となる他動詞は「すえる」です。〝なにかをおいて動かないようにする〟という意味の「すえる」に対し、〝なにかが安定して動かないようになる〟が「すわる」で、その用法のひとつに〝ゆかや椅子などにしりをつけて体重をささえ、上半身をほぼ直立させた姿勢にたもったまま安定した状態になる〟があるというわけです。しかし、「すえる」は「据える」、「すわる」は「座る」と別の漢字を使って書きわけることが多いため、これらの語が自他の対をなす関係にあることが見えにくくなっています。漢字の意味をいかして和語を表記することには、このようなマイナス面もあります。

ちなみに、「座る」は常用漢字表に従った表記ですが、漢字の「座」は〝すわる所。いどころ。席〟（『新漢語林』小学館）という意味の名詞で、「すわる」という動詞の意味をあらわす漢字は「坐」で、昔の文学作品には「坐る」という表記も見られます。

・広い座敷に一ぱいに大ぜい人が**坐つて**ゐる。〈芥川龍之介『着物』〉

・一日中古ぼけた長火鉢の傍に**坐って**身動きもしない。〈小川未明『老婆』〉

『日本国語大辞典』は〝すわる意の表記は正しくは「坐」で「座」は書きかえ字〟という

注記をいれていますが、これはちょっと問題ですね。〝漢字の「座」は「すわる場所」の意味なので、「坐」のほうがふさわしい〟といいたいのでしょうが、この書きかただと、和語に対するただしい漢字表記が存在することになってしまいます。しかし、「すわる」という和語の意味範囲とぴたりと一致する漢字はひとつもないので、「すわる」の意のただしい漢字表記というものは存在しません。常用漢字表にのっとった表記や慣用的な表記などがあるだけです。もし、ただしい表記と呼べるものがあるとすれば、それはかな書きの「すわる」です。漢字は中国語を書きあらわすために発明された文字なので、和語を適切に書きあらわすには不向きなのです。この問題についてはここでは深いりせず、「問題22」（172ページ）でまた考えることにします。

なお、おしりで体重をささえる意味の「すわる」は比較的に新しい用法で、『日本国語大辞典』によれば、初出例は一五九二年です。それよりも前は「いる（ゐる）」が今の「すわる」の意味で使われていて、同辞典には『万葉集』の八世紀後半の用例が示されています。今も使われている「いねむり（居眠り）」「いずまい（居住まい）」「いあい（居合）」「いすわる（居座る）」などの複合語の「い」（「いる」の連用形）は「すわる」の意味ですね。「いてもたってもいられない」という慣用表現も「すわってもたってもいられない」がもとの意味です。

最後に、「すわる」とその類語・類似表現の「こしをおろす」「こしかける」とのちがいを考えてみます。「こしをおろす」は立った姿勢から腰を上から下に移動して、椅子や地面などにつけることですね。それに対して、「こしかける」は「かける」ということばがあるように、地面や床などよりも上にある椅子や台などに腰をおく動作をいいます。したがって、「地面に腰をおろす」とはいっても、「地面に腰かける」とはいいません。辞書の多くは「こしかける」を次の『新明解国語辞典』のように説明しています。

こしかける【腰掛ける】 足を休めるために、いすや台などの上に腰をおろす。

しかし、「こしかける」はかならずしも腰を下におろす動きとはかぎりません。バーのカウンターにあるスツールなどは、座面が腰よりも高い場合がありますが、そこに腰かけるときは、立った姿勢よりも腰が上にいきます。したがって、〝腰をおろす〟ではなく、〝腰をおく〟などと表現すべきところです。ことばを注意してよく調べると、辞書の説明にはいろいろな問題点が見つかります。

問題20　蚊は「くいうく」、それとも「かみうく」？

バカドンのパパ 蚊は「くいうく」なのだ。西日本では、「蚊がかみうく」というようだけどな。

バカドン ブブー。正解は、「どちらもまちがい」だよ。

バカドンのパパ なんでだ？　だって、そういうじゃないか。

バカドン 辞書によれば、「くいうく」も「かみうく」も、歯のある動物の動作だから、そうはいえないんだよ。『旺文社国語辞典』を見てよ。

くいつく【食〔い〕付く】しっかりとかみつく。

かみつく【△嚙〔み〕付く】歯や牙《きば》で、食いつく。

「くいうく」はしっかりかみうくことで、「かみうく」は歯やきばでくいうくことだ、といってるでしょ。だから、歯もきばもない蚊は、どっちもできないんだね。

バカドンのパパ 辞書のその説明は、かみついてやりたくなるほど、ひどいのだ。

大半の辞書が「くいつく」と「かみつく」を『旺文社国語辞典』のように説明しています。それはいいとして、「くいつく」の語釈に「かみつく」の語釈に「くいつく」を使っているのはいけません。なぜなら、「くいつく」を使い、「かみつく」の意味を理解するためには「かみつく」の意味を知っていなければならず、「かみつく」の意味を理解するためには「くいつく」の意味を知っていなければならない、という堂々めぐりになってしまうからです。こういう循環論法の説明は、ひと昔まえの辞書にはよくあったのですが、今もまだ残っていたとは、ちょっと驚きです。

さて、「くいつく」と「かみつく」の意味ですが、辞書によれば、どちらも歯やきばのある動物がする動作で、「かみつく」はそっとする場合もあるが、「くいつく」はしっかりかみつくことだ、ということです。辞書は犬や猫などの動物のことしか頭にないようですが、蚊なども「くいつく」といいますね。青空文庫で見つけた実例をあげておきます。

・夏の暑い日になまけものがひるねをしておりますと、**蚤と蚊**が代る代るやって来て刺したり**食いついたり**しました。〈夢野久作『蚤と蚊』〉

・雄吉の心のうちに、**ダニのように食いついて**離れない青木に対する悪感を、青木は少しも知らないのかも知れないと、雄吉は思った。〈菊池寛『青木の出京』〉

・船は、背に**食いついている虻**《あぶ》を追払う馬のように、身体をヤケに振っている。〈小林多喜二『蟹工船』〉

蚊やノミ、ダニ、アブに歯はありませんが、それでも「くいつく」というので、辞書の語釈は完全なまちがいです。

ついでにいうと、「かみつく」も歯のある動物とはかぎりません。実例は次のとおり（ふたつめの例は詩で、斜線部分は実際には改行されています）。

・と思うと蜘蛛は猛然と、蜂の首もとへ跳《おど》りかかった。蜂は必死に翅《はね》を鳴らしながら、無二無三に敵を刺《さ》そうとした。花粉はその翅に煽《あお》られて、紛々と日の光に舞い上った。が、**蜘蛛**はどうしても、**噛みついた**口を離さなかった。〈芥川龍之介『女』〉

・けれども何か瀕死《ひんし》に傷いた**小鳥**の方でも／はげしくその手の指に**噛みついた**。〈伊東静雄『詩集夏花』〉

クモや鳥に歯はないので、辞書の説明はここでも「いけません」です。

「くいつく」と「かみつく」は、類義語ではありますが、同義語ではありませんね。離れたところに存在する対象（人や動物、食べ物など）に対して、人や動物が「くってつく」のが「くいつく」です。それに対して、離れたところに存在する対象（人や動物など）に対して、人や動物が「かんでつく」のが「かみつく」です。「蚊にくいつかれた」「魚がえさにくいついた」とはいっても、「蚊にかみつかれた」「魚がえさにかみついた」とは普通いいません（地域によっては、こういういいかたをするようですが）。「かみつく」ことができるのは、あご（と歯や牙）のある動物にかぎられますが、「くいつく」のは、あごや歯のない動物でも可能です。蚊が「くいつく」というとき、実際には長い口吻《こうふん》を皮膚にさして血を吸うだけですが、それは蚊にとっての摂食行動と見なして、こう表現するのでしょう。「くう」と「かむ」は意味がちがうので、それに「つく」がついた複合語の「くいつく」と「かみつく」も、当然ながら意味がちがってきます。次の文を読むと、そのちがいがよくわかるはずです。

三毛が横に長くねそべって、その乳房にこの子猫が**食いついて**いた。〈寺田寅彦『子猫』〉

子猫が乳房に「くいついて」いても、母猫はのんびりと長く寝そべっていられますが、もしも子猫が乳房に「かみついて」いたなら、母猫はそんなに悠然としてはいられないはずです。辞書は「くいつく」を〝しっかりとかみつく〟と説明していましたが、この例には全然あてはまりません。

「くいつく」と「かみつく」は基本的には意味がちがいますが、ほぼ同義で使われることもあります。太宰治は『畜犬談―伊馬鵜平君に与える―』で、「くいつく」と「かむ」「かみつく」をほぼ交互に使っています。

私は、犬については自信がある。いつの日か、かならず**喰《く》いつかれる**であろうという自信である。私は、きっと**噛《か》まれる**にちがいない。自信があるのである。よくぞ、きょうまで**喰いつかれもせず**無事に過してきたものだと不思議な気さえしているのである。〔中略〕飼い主でさえ、**噛みつかれぬ**とは保証できがたい猛獣を、(飼い主だから、絶対に**喰いつかれぬ**ということは愚かな気のいい迷信にすぎない。あの恐ろしい牙のある以上、かならず**噛む**。けっして**噛まない**ということは、科学的に証明できるはずはないのである)その猛獣を、放し飼いにして、往来をうろうろ徘徊《はいかい》させておくとは、どんなものであろうか。

私の個人的な語感からすると、この文章に使われている「くいつく」は、どれも「かみつく」のほうが適切なような気がしますが、それでは文章が単調になってしまうので、それを避けるために「くいつく」も使っているのでしょう。

なお、『角川必携国語辞典』は「かみつく」を〝食いつく。強くかんではなさない〟と説明していますが、この説明も問題です。「かみつく」という複合語は、対象からはなれたところにいる動作主がかむ目的で対象に近づいて接触すること（また、その状態をしばらく続けること）を「つく」と表現しているのであって、かんだままずっとついているとはかぎりません。青空文庫から見つけた例を示しておきます（斜線は改行のしるし）。

・恥知らずな運命が／いつも私の生活の巡りを／うろうろしてゐて／時折悪い犬のやうに／現はれては／私に**噛みついて**逃げていってしまふ、／〈小熊秀雄「暗い恥知らずな運命」〉

・それから「草にふして」というのなんか、秋も深くもう冬なのね、季節は。しかし、その草のかんばしさ、顔にふれる心地よさ、そうして小犬がその草原にある櫟の若木にまといつき、うれしそうに**かみつき**、一寸はなれてはまた身をうちつけてゆく様子なんか、やはりそこにあふれているのは優しい暖かさよ。〈宮本百合子『獄中への手紙　一九四一年（昭和十六年）』〉

「くいつく」の場合も同様です。「蚊がくいつく」といいますが、人にくいついたままはなれずにいる蚊などいません。そんな習性があったら、みんなバシッとやられて、とっくの昔に絶滅してしまっているはずです。

それにしても、「くいつく」も「かみつく」も、〝その語の指す所のものを実際の用例について よく知り、よく考え、本義を弁えた上に、広義・狭義にわたって語釈を施す〟（『新明解国語辞典』初版の序）というオーソドックスな方法をとっていたなら、辞書がしているようなる説明になることはないはずです。先行辞書の〝引き写し〟でよしとしているから、こうなるのでしょう。そう思って『大日本国語辞典』を見たら、やはり今の辞書とほぼ同じ語釈でした（ちなみに、『言海』にはこの二語は採録されていません）。

くひつく 食附 **（自動**四**）** 噛みつく。くらひつく。

かみつく 噛附 **（他動**四**）** 食ひつく。飛びつきて噛む。

ところで、「くひつく」は自動詞、「かみつく」は他動詞になっていますが、これでいいのでしょうか。次の項でこの問題を考えたいと思います。

問題21　スッポンは「かみついたら、はなさない」といいますが、「かみつく」と「はなす」はそれぞれ自動詞、他動詞のどっち？

バカドンのパパ　自動詞って、そのものだけの動きをあらわす動詞で、他動詞はほかの人やものに影響する動詞だったっけ？

バカドン　そうだよ。

バカドンのパパ　じゃあ、「かみつく」は他動詞なのだ。スッポンにかみつかれたら、影響甚大だからな。「はなす」もやっぱり他動詞なのだ。スッポンにかまれていた手は自由になるから。

バカドン　ブブー。辞書によれば、「かみつく」は自動詞、「はなす」は他動詞だよ。

バカドンのパパ　なんでそうなるのだ？　「かみつく」があって、「はなす」わけだろ。「かみつく」も「はなす」も他動詞じゃないと、理屈にあわないじゃないか。

バカドン　理屈にあわなくても、それが辞書の答えなの！

バカドンのパパ　わしゃバカドンのいうことなら、理屈にあわなくてもかまわないが、辞書のいうことが理屈にあわなくちゃだめだろう。

自動詞と他動詞には明確な定義があります。したがって、ある動詞が自動詞か他動詞かは、その定義にあてはまるかどうかで容易に判定できるはずです。ところが、自分でそれをしてみると、辞書の意見とあわないケースが次々にでてきます。辞書で確認すればするほど、自動詞と他動詞の区別がわからなくなってくるのです。

最初に、自動詞と他動詞はどういうものかを『広辞苑』で見ておきます。

じどうし【自動詞】(intransitive verb) 他人や物に作用を及ぼさない行為・変化・状態を表す動詞。目的語がなくても意味が完結する。「走る」や「咲く」の類。↔他動詞。

たどうし【他動詞】(transitive verb) 他の人や物に作用を及ぼす行為を表す動詞。これを述語に含む文は通常目的語がないと意味が完結しない。日本語では、目的語として多く助詞「を」を添えて表す。「本を読む」の「読む」の類。↔自動詞

他に作用がおよばず、そのものの動きをあらわすのが自動詞で、他に作用をおよぼすのが他動詞だということです。辞書によっては、〝作用〟を〝影響〟としているものもありますが、本質的には同じです。では、問題の「かみつく」と「はなす」はどちらなのかというと、ほとんどの辞書が「かみつく」は自動詞、「はなす」は他動詞としています(『新明解国語辞典』だけは「かみつく」を他動詞としています。『大日本国語辞典』もそうでした)。

「かみつく」は、スッポンの例を考えればあきらかなように、他に作用・影響をおよぼす意味をもっています。それなのに、なぜ自動詞とされるのでしょうか。その理由は、どうやら助詞「に」をとることにあるようです。『広辞苑』は「他動詞」の語釈に〝日本語では、目的語として多く助詞「を」を添えて表す〟と注記をいれていて、「を」以外の助詞をとる他動詞もあるかのように説明しています。しかし、実際には、「くいつく」「すいつく」「だきつく」など、他に作用・影響がおよぶ意味をもっていても、助詞「に」をとる動詞はみな自動詞としています。それなら、他に作用がおよぶ意味をもち、助詞「を」をとる動詞にかぎって他動詞と認めるとすればよいものを、そのように定義しているのは『日本国語大辞典』『明鏡国語辞典』『角川必携国語辞典』くらいなものです。

「かみつく」などは、他に作用・影響をおよぼすのに自動詞とされる一方で、実際には他に作用・影響をおよぼさないのに、他動詞とされている動詞もあります。たとえば、「名画を見る」というときの「みる」。人が名画を見たからといって、名画はその作用・影響を受けません。むしろ、それを見た人のほうが感動したりして、影響を受けます。「音楽を聞く」の「きく」も同じで、人が音楽を聞いたからといって、音楽は作用や影響を受けません。しかし、音楽を聞く人は、物理的には音波の刺激を受け、心理的にはその音楽に心を動かされたりするので、「きく」という行為によって作用や影響を受けるのは、対象である音楽ではなく、動作主である人間のほうです。

「人を待つ」「知らせを待つ」などの「まつ」や、「その事実ははじめて知った」という場合の「しる」も他動詞とされています。しかし、「まつ」や「しる」は積極的に対象に働きかける行為ではなく、自分が待ったり、知ったからといって、その対象である人や知らせ、事実に作用や影響がおよぶわけではありません。これらの動詞には、他動詞の定義がまったくあてはまらないのに、なぜ他動詞なのでしょうか。助詞「を」をとるからでしょうか。

では、助詞「を」をとる動詞はみな他動詞かというと、そういうわけでもありません。たとえば、「道を歩く」の「あるく」は、道に作用・影響をおよぼさないので自動詞だとされています。しかし、砂浜を歩く場合は、足跡がつくので、「あるく」という行為の作用が砂浜におよんでいると考えられます。「こえる（越える・超える）」も自動詞に判定されています。「とうげ（峠）をこえる」という例では、とうげに作用・影響がおよんでいるようには思えません。しかし、二〇一一年の東日本大震災で津波が防波堤を「こえて」押し寄せとき、防波堤の一部が破壊され、沿岸地域は壊滅的な被害を受けました。この場合、津波が「こえる」ことで、対象である防波堤が破壊されているわけですから、その作用・影響は確実に対象におよんでいます。

ここで、これまでにとりあげた動詞について、どの助詞をとるか、対象への作用があるか、辞書が自動詞・他動詞のどちらとしているのかを表にしてみましょう。

語	助詞	対象への作用の有無	自・他
かみつく（噛みつく）	に	○（有）	自動詞
はなす（離す・放す）	を	○（有）	他動詞
みる（見る）	を	×（無）	他動詞
きく（聞く）	を	×（無）	他動詞
まつ（待つ）	を	×（無）	他動詞
しる（知る）	を	×（無）	他動詞
あるく（歩く）	を	△（有・無）	自動詞
こえる（越える）	を	△（有・無）	自動詞

辞書の定義にしたがうなら、「対象への作用の有無」の項で○のものは他動詞、×のものは自動詞になるはずですが、まったくそうなっていません。辞書は定義とは無関係に、適当に自動詞または他動詞と判定している、ということです。そのようにして分類された自動詞群と他動詞群の個々の動詞の間には、どんな共通点を見いだすこともできません。共通点のな

いものを寄せ集めた分類に、一体どんな意味があるというのでしょうか。それは、日本語の特徴をあきらかにする、という学問的営為とはおよそ無縁の、まったく意味のない分類というほかありません。

そもそも、他への作用・影響があるかどうかを基準にした分類法は、日本語の動詞に有効なのでしょうか。「あく（開く）／あける（開ける）」、「しまる（閉まる）／しめる（閉める）」のような対のある動詞には有効かもしれません。「ドアがあく／しまる」と「ドアをあける／しめる」は、ドアそのものの動きか、それともドアに作用をおよぼしているかのちがいといえます。では、「あたる（当たる）／あてる（当てる）」の場合はどうでしょうか。投手の投げた球が打者に「あたる」場合と、投手が打者に球を「あてる」場合を比較したとき、「あてる」場合はボールの作用・影響が打者におよぶが、「あたる」場合はボールの作用・影響は打者におよばない、といえるのでしょうか。答えは明白で、どちらの場合も打者は確実にボールの作用・影響を受けます。つまり、「あたる」と「あてる」のちがいは、対象に作用・影響がおよぶかどうかにあるのではない、ということです。

では、「あたる」と「あてる」は、本当はどこがちがうのでしょうか。そう考えると、対象への作用・影響の有無ではなく、その動作をする主体、すなわち動作主がちがうことに気づきます。「あてる」ことができるのは、自由に行動できる人や動物だけです。一方、「あたる」のは球などの無生物がおもですが、場合によっては人や動物も動作主になります。「あく／あける」、「しまる／しめる」などもみな、対象への作用・影響の有無ではなく、戸などの無生物が動作主か、それとも人や動物などが動作主かのちがいです。対象に作用・影響がおよぶかどうかを基準にした自動詞と他動詞の分類は、完全な誤解にもとづく、不合理なものだったのです。

日本語の自動詞と他動詞の分類は、はっきりいってトンデモです。ヨーロッパ語に自動詞と他動詞の区別があるので、日本語の動詞も同じような区別がある、と誤解されたようです。『広辞苑』は他動詞の語釈の中で、〝日本語では、目的語として多く助詞「を」を添えて表す〟といっていました。ヨーロッパ語の自動詞と他動詞が、対象への影響の有無によって区別されるものだと誤解していることがわかります。

ヨーロッパ語の自動詞と他動詞は、基本的には目的語（相当語句）に結びつくかどうかという文法的なふるまいにおける分類です（ただし、それぞれの言語によって多少のちがいがあるようです）。英語についていえば、直接に目的語（相当語句）をとるのが他動詞で、直接に目的語（相当語句）をとらないのが自動詞です。研究社の『新英語学辞典』（一九八二年）をご覧ください（原文は横書き、コンマ使用）。

transitive verb《文》（他動詞） 目的語（相当語句）をとる動詞をいう。自動詞（INTRANSITIVE VERB）に対する。［中略］動詞と目的語の関係は、形式上は一様でも内容的にはさまざまである。［以下略］

intransitive verb《文》（自動詞） 動詞を用法・機能によって分けたときの一つで、目的語をとらないものをいう。［以下略］

これだけではわかりにくいので、もうすこしくわしく説明しましょう。まず確認しておかなければならないのは、ヨーロッパ語は屈折語と呼ばれる言語で、語と語の文法的な関係を示すのに語形を変化させる、ということです。一方、日本語は語と語の文法的な関係を示すのに助詞を使う膠着語《こうちゃくご》で、語形を変化させることはありません。膠着語というと、なんだか固まった言語のような印象を受けますが、単語と単語のあいだに助詞などをにかわ（膠）のようにくっつける言語、ということです。

次の英語の文1と2をくらべてみましょう。

1　I love him.　私は彼を愛している。

2　He loves me.　彼は私を愛している。

このふたつの文に登場するのは「私」と「彼」で、動詞は「愛している」です（ここでは便宜的に「愛している」をひとつの動詞と見なすことにします）。1の文の主語Iは「私」を意味する主格の代名詞ですが、2の文では「私」を意味する語がmeという目的格に変化しています。2の文の主語Heは「彼」を意味する主格の代名詞で、1の文の目的語ではhimと目的格になっています。そして、2の文では主語のHeに応じて、動詞もlovesと三人称単数現在形になっています。一方、それぞれの文に対応する日本語は、1でも2でも「私」「彼」と同じ、動詞も「愛している」という同じ形で、「私」と「彼」がどのような関係にあるのかは、助詞の「は」「を」であらわしています。

英語などの自動詞と他動詞は、目的語をとるかどうかという文法的な性質を基準とした分類です。さきほどの例文1と2では、動詞loveはhim, meという目的語をとっているので他動詞です。ところが、日本語はつねに助詞を使って関係を示すので、ヨーロッパ語の自動詞と他動詞の概念をそのまま導入することはできません。それなのに、なぜかそれが日本語に導入されてしまいました。これは想像ですが、ヨーロッパ語の自動詞と他動詞の区別が日本語の「あく」と「あける」のような対のある動詞と同種のものだ、と誤解されたのではないかと思われます。たとえば、次に示す英語と日本語の自動詞と他動詞はよく対応しているように見えます。

3 The door opened. ドアがあいた。
4 Tom opened the door. トムはドアをあけた。

3の英文の opened は、目的語をとらない自動詞で、ドア自体の動きをあらわしています。それに対応する日本語文の「あいた」も、同じようにドア自体の動きをあらわす自動詞です。4の英文の opened は the door を目的語にとる他動詞で、主語のトムがドアに作用・影響をおよぼす動きをあらわしています。対応する日本語文の「あけた」も同じ意味をもつ他動詞です。

しかし、このような対応がつねに見られるわけでないことは、次の例を見ればわかります。

5 The wind opened the door. 風でドアがあいた。

この英文は「無生物主語構文」と呼ばれるもので、主語は無生物の the wind (風) ですが、opened は他動詞で、主語の風がドアに作用・影響をおよぼす意味をあらわしています。直訳すれば「風がドアをあけた」となりますが、これはいかにも翻訳調で、自然な日本語では「風でドアがあいた」と自動詞を使います。英語の自動詞・他動詞は主語に関係なく、目的語（相当語句）をとるかどうかによるちがいですが、日本語の「あく／あける」のような対は、動作主が自力で対象に働きかけることができる人や動物か、そうでないかがキー・ポイントになっていて、目的語をとるかどうかという文法的な性質とも、また対象に作用・影響がおよぶかどうかという意味的な性質とも無関係なのです（「あく／あける」の対では作用・影響の有無が関係していますが、すでに考察した「あたる／あてる」の対ではいずれも作用・影響があります）。

日本語の自動詞と他動詞の区分は、ヨーロッパ語の動詞区分を誤解して導入されたもので、日本語の動詞の性質に合致していません。したがって、日本語の動詞を自動詞と他動詞に分類することはまったく無意味です。実は、『大辞林』『大辞泉』『角川必携国語辞典』は自動詞と他動詞の区別をしていません。自他の区別が無意味であることを理解したうえでの対応ではなさそうですが、その区別が一貫性のある合理的なものでないことは経験上わかっているので、無駄な労力を使わないことにしたのかもしれません。

小型辞書の多くは自他の区別を示していますが、これは教育現場からの要請があるからではないかと思われます。国語教育で自動詞と他動詞を教える都合上、個々の動詞がどちらなのかを判定してくれる権威が必要とされるのでしょう。しかし、すでにあきらかなように、日本語の自動詞と他動詞はまったく意味のない分類です。辞書の定義と、実際の自動詞・他動詞の判定がまったく整合していない事実がそれを証明しています。実のところ、いま学校で教えている日本語の文法は、不完全な仮説の域をでていません。ですから、それにとらわれずに、日本語の実態に即したあつかいをすべきだと思います。辞書が先頭に立ってそういう姿勢を示してくれるとよいのですが、自動詞と他動詞のあつかいを見ても、残念ながらあまり期待できそうにありません。

問題22

漢字の使いわけの問題です。「うかう」は「使用」の「使」の字をあてる場合と、「派遣」の「遣」の字をあてる場合がありますが、「おかねをうかう」、「おかねのうかいみち」、「おかねのむだづかい」は、それぞれどちらの字になる？

バカドンのパパ　全部おかねについてだな。それなら、「使」の字でも「遣」の字でも、どっちかに統一されていれば、それでいいんじゃないか。

バカドン　それが、よくないんだね。「おかねをうかう」の場合は「使」の字でも「遣」の字でもいいけど、「うかいみち」は「使」の字、「むだづかい」は「遣」の字だよ。『角川必携国語辞典』を見てよ。

つかう【使う・遣う】／つかいみち【使い道】／むだづかい【無駄遣い】

バカドンのパパ　なんでわざわざ、そんなめんどうくさいことをする必要があるのだ？同じ意味のことばの「うかう」と「うかい」なんだから、どれも「使」の字で問題ないじゃないか。わしとしては、全部ひらがなのほうがいいと思うけどな。使いわけに悩まなくてすむから。

「つかう」（おかねの場合）、「つかいみち」、「むだづかい」に各辞書があげている表記は次のとおりです。

辞書	つかう	つかいみち	むだづかい
日本国	使う・遣う	使道	無駄遣・徒遣
広辞苑	使う・遣う	使い道・遣い道	無駄遣い・徒遣い
大辞泉	使う・遣う	使い道・使い途	無駄遣い・徒遣い
大辞林	使う・遣う	使い道・使い途	無駄遣い・徒遣い
岩波国	使う・遣う	使い道・使い途	無駄遣い・徒遣い
旺文社	使う	使い道・使い途	無駄遣い・徒遣い
学研現	使う・遣う	使い道	無駄遣い・徒遣い
角川必	使う・遣う	使い道	無駄遣い
新選国	使う・遣う	使い道	無駄遣い
新明解	使う	使い道・使い途	無駄遣（い）・無駄使い
三省堂	使う・遣う	使い道	無駄遣い・徒遣い
明鏡国	使う	使い道・使い途	無駄遣い・徒遣い

「(おかねを)つかう」では大半の辞書が「使う・遣う」の両方をあげていますが、「つかいみち」は『広辞苑』が「遣い道」を併記しているものの、ほかはみな「使」の字のみ、「むだづかい」は逆に「遣」の字だけです(『新明解国語辞典』だけは「無駄使い」もあると注記をいれています)。

辞書によれば、同じ「つかう」「つかい」ということばを次のように書きわけることになります。

おかねは**無駄遣い**せず、**使い道**をよく考えて**使う**/**遣う**ようにしよう。

しかし、この文ではすべて「使」の字にしたほうが一貫していて、よさそうに思えます。「つかう」の項では「使・遣」のどちらでもよいとしているのに、なぜ「むだづかい」では「遣」だけなのでしょうか。そのような表記がおこなわれていないのかというと、そんなことはありません。青空文庫を検索すると、おかねの意味での「無駄使い」は十一例、「無駄遣い」は七例で、「無駄使い」のほうが多いのです(注)。辞書は、実際の使用例を調査して漢字表記を決めているのではなく、常用漢字表と先行辞書の受け売りをしているだけのようです。

そもそも、「使う」と「遣う」を使いわける必要はあるのでしょうか。『大辞林』で「つかう」を引くと、表記欄があって、次のように説明されています。

表記 **つかう（使・遣）**
「使う」は〝物を役立てる。人に用事をさせる〟の意。「道具を使う」「通勤に車を使う」「居留守を使う」「人を使う」
「遣う」は〝あやつる。金や時間を費やす〟の意。「蛇を遣う」「文楽の人形を遣う」「ことばを遣う」「無駄に大金を遣う」

おかねと時間の場合は「遣う」と書くといっています。ならば、「かねづかい」は「金遣い」になるはずです。『大辞林』で「かねづかい」を引いてみましょう。

かねづかい【金遣い】 金銭の使い方。金銭を使う程度。

見だしの表記は確かに「金遣い」ですが、語釈は〝金銭の使い方。金銭を使う程度〟とあります。「つかう」の表記欄では、お金や時間のときは「遣う」と書くといっていたのに、ここでは「使う」と書いています。自分で守らないルールをもっともらしく人に教えているわけですね。

『旺文社国語辞典』『学研現代新国語辞典』『明鏡国語辞典』も同じような使いわけ情報を

のせています。『学研現代新国語辞典』と『明鏡国語辞典』の説明は長いので、途中から引用します。

旺文　「**使う**」は、人を働かせる、目的のために利用する意で、「作業員を使う」「機械を効率よく使う」などと広く一般的に用いられる。

「**遣う**」は、もとは「つかわす」という意味で、物事を役に立つように工夫して用いる意に転じ、「人形を遣う」「気を遣う」「仮名を遣う」「心を遣う」「お金を遣う」など、きまった言い方に用いられる。

学研　「使／遣」の意味の違いに応じて、従来「扇を使って風を起こす／扇を遣って見事に舞う」などのように、単なる使用（＝用立てる）と、工夫されたたくみな使用（＝操る）とで使い分けてきたが、使い分けが困難なところから、近年「気遣う」を唯一の例外として、動詞には「使」を使い、「〜づかい」の形で使う特定の名詞にのみ「遣」を使うという傾向が強まってきた。そのため、「仮名を使う／仮名遣い」「心を使う／心遣い」「人形を使う／人形遣い」のように動詞と名詞とで用字法を異にするものも多出している。［中略］「金遣い・息遣い・筆遣い」などでは伝統的に「使」を使うことはない。

明鏡 「言葉を使う／遣う」では、「人は言葉を使う動物だ／巧みに言葉を遣って説得する」のように、単なる使用と、工夫された巧みな使用とで使い分けることが多かった。しかし、近年「気遣う」「気［心］を遣う」などを例外として、動詞にはほとんどの場合「使」を用い、「遣」は「～遣い」の形で、「心遣い・息遣い・筆遣い・金遣い・上目遣い」など、特定の名詞にのみ使う傾向が強い。そのため、「心を使う／心遣い」「人形を使う／人形遣い」「言葉を使う／言葉遣い」「金を使う／金遣い」のように、動詞と名詞とで漢字が異なるものが多くなった。

ちょっと本題からそれますが、『学研現代新国語辞典』と『明鏡国語辞典』の文章は奇妙なほどよく似ていますね。〝単なる使用（＝用立てる）と、工夫されたたくみな使用（＝操る）とで使い分けて〟と〝単なる使用と、工夫された巧みな使用とで使い分ける〟はほとんど一緒だし、〝近年「気遣う」を唯一の例外として〟と〝近年「気遣う」「気［心］を遣う」などを例外として〟の部分もよく似ています（『明鏡国語辞典』第二版ではそっくり同じでした）。これは偶然の産物なのでしょうか。

それはさておき、使いわけの問題です。『旺文社国語辞典』は〝「遣う」は、もとは「つかわす」という意味で、物事を役に立つように工夫して用いる意に転じ〟といっていますが、これはただしくありません。「遣う」と書こうが、「使う」と書こうが、同じ「つかう」ということばで、意味にちがいはありません。漢字の「遣」に「つかわす」という意味がある、というだけのことです。

『学研現代新国語辞典』と『明鏡国語辞典』によれば、「使う」と「遣う」は〝単なる使用と、工夫された巧みな使用とで使い分けてきた〟ということです。本当でしょうか。青空文庫で「〜を遣い」「〜を遣う」「〜を遣って」「〜を遣った」の使用例を検索したところ、次の結果がえられました（「〜を遣って」「〜を遣った」は、それぞれ「〜をやって」「〜をやった」とも読めますが、それは除外してあります。「人を派遣する」の意味のものも同様）。

・財産・金・銭・路銀・旅費を遣い（10）、気を遣い（6）、仮名を遣い（1）、楊枝を遣い（1）、居留守を遣い（1）
・気を遣う（8）、金・銭を遣う（8）、言葉・敬語・方言・声色・おべっかを遣う（6）、行水を遣う（1）、槍を遣う（1）、在名を遣う（1）
・気・心を遣って（8）、言葉・声色を遣って（5）、金・銭を遣って（4）、奇薬を遣って（1）、道具を遣って（1）
・気・心を遣った（2）、金・給料を遣った（2）、言葉・御世辞を遣った（2）、名を

遣った（1）、毒を遣った（1）

「気を遣う」「金を遣う」「言葉を遣う」のたぐいが多く、特に工夫されたたくみな使用について使われている例はありません。国会図書館のデジタルコレクションも検索してみましたが、やはり「気を遣う」が圧倒的に多く、たくみな使用について使われている例は見つかりませんでした。そもそも工夫されたたくみな使用に「遣」の字を使うのなら、辞書が示す「無駄遣い」という表記は変ではないでしょうか。「工夫された、たくみなむだづかい」なんていうのがあるとは思えませんから。

『学研現代新国語辞典』は〝「金遣い・息遣い・筆遣い」などでは伝統的に「使」を使うことはない〟と断言しています。しかし、『日本国語大辞典』には「金使ひ」（高村光太郎『道程』から）と「筆使ひ」（森鷗外『独身』から）の実例があがっています。また、青空文庫での検索では、次に示すように、どれも「遣」の字よりも「使」の字のほうが多い、という結果でした。

かねづかい…金使い（25）、金づかい（18）、金遣い（15）、金づかひ（9）、金使ひ（5）、金遣ひ（1）

いきづかい…息づかい（175）、息使い（31）、息遣い（30）、息づかひ（20）、息使ひ

（5）、息遣ひ（5）

ふでづかい…筆使い（6）、筆づかい（4）、筆づかひ（4）、筆使ひ（1）、筆遣ひ（1）、筆遣い（0）

『学研現代新国語辞典』は〝意味の違いに応じて、［中略］単なる使用（＝用立てる）と、工夫されたたくみな使用（＝操る）とで使い分けてきた〟といっています。これを読むと、漢字の「遣」には「工夫されたたくみな使用（＝操る）」という意味があるかのように受けとれます。しかし、漢和辞典にそのような意味はのっていません。この字は「遣隋使、遣唐使、派遣」などの複合語からわかるように、「（人などを）つかわす、やる、おくる」というのが基本義です。つまり、漢字の意味からすれば、「つかう」はほとんどの場合、「使う」でよい、というか「使う」のほうがよいのです。青空文庫の検索で「使」の字が優勢だったのは、昔の作家が漢字の意味を考慮して表記していたからだと思われます。

辞書が示す使いわけの情報は、かなりマユツバです。その例をもうふたつほどあげましょう。動詞の「さす」は、「指で人をさす」「傘をさす」「針をさす」「花を花瓶にさす」「日がさす」「将棋をさす」「目薬をさす」のように幅広く使われ、それぞれ「指で人を指す」「傘を差す」「針を刺す」「花を花瓶に挿す」「日が射す」「将棋を指す」「目薬を注す（点す）」と漢字で書きわけるのが普通です。では、「指す」と「差す」はどう書きわければよいのか、使いわけ情報をのせている『大辞林』『旺文社国語辞典』『学研現代新国語辞典』に教えてもらうことにしましょう。

指す

大辞 〝ゆびさす。指名する。目指す〟の意。仮名で書くことも多い。「時計の針が正午を指す」「後ろ指を指される」「授業中に指される」「北を指して進む」「将棋を指す」

旺文 指である方向をはっきりと示す意で、「東を指して進む」「杖《つえ》で北を指す」「将棋を指す」などと使われる。

学研 〔指で、ある方向をさし示す〕北を指す・後ろ姿を指す・未来を指す・将棋を指す・指し物師・旗指し物

差す

大辞 〝あるものが表面に現れる。あるものが生じる。かざす〟の意。仮名で書くことも多い。「頬に赤みが差す」「潮が差してきた」「嫌気が差す」「魔が差す」「日傘を差す」

旺文 はいり込む、または中に入れる意で、「光が差す」「腰に刀を差す」「水を差す」「傘を差す」などと使われる。

学研 〔はいりこむ。ある現象が現れる〕光が差（射）す・傘を差す・刀を差（挿）す・潮が差す・影が差す［以下略］

どの辞書も、指で示す場合は「指す」だといっています。ところが、「ゆび」の慣用句「ゆび一本（も）さ させない」の表記を見ると、びっくり仰天します。

大辞 指一本も差させない

旺文 指一本差させない

学研 指一本も差させない

みな「差させない」です。さっきのあの使いわけのルールは、どこへいったのでしょうか。ほかの辞書もこの慣用句ではみな「差させない」としていますが、実際には「指させない」も普通に使われていて、谷崎潤一郎も中野重治もこう書いています。

辞書の使いわけがあてにならない例をもうひとつ。動詞の「かく」について、『学研現代新国語辞典』は次のような使いわけ情報をのせています。

書く〔文字や記号を記す。文章をつくる〕小説を書く・日記を書く・小さな字で書かれた本

描く〔絵・図・形などをえがく〕油絵を描く・ノートに地図を描く・トンビが弧を描く

参考 「書く」は文字を記す意、「描く」は図や絵画を形づくる意で明確に使い分けられる。「えがく」の意で「書く」の表記も誤りではないがなじまない。

「書く」と「描く」は〝明確に使い分けられる〟といっています。確かに、「字をかく」または「絵をかく」というように、対象がひとつで、どちらかはっきりしている場合は、「書く」と「描く」を使いわけられます。しかし、「私は趣味で小説と絵をかいている」というように両方を一緒にしたときは、「書いている」か「描いている」かのどちらかに決めることはできません。さらにいうなら、「背中をかく」などというときの「かく（掻く）」も同じ語なので、「オレなんか絵や小説だけでなく、いびきも恥も毎日かいているよ」なんて変な自慢をする場合には、適切な漢字をあてることは不可能です。

もっと問題なのは、複合語になったときです。「絵をかきなおす」は、右の使いわけからすると、「描き直す」になるはずです。ところが、『学研現代新国語辞典』を引くと、

かきなおす【書き直す】〔訂正したり清書したりするために〕もう一度書く。書きあらためる。

とあって、「描き直す」がないのです（ほかの辞書もほとんどが同じ）。こうした、辞書にとって不都合な真実は、ほかにもいくらでもあげることができます。

辞書が示す和語の漢字表記について、これまでにあきらかになった事実を整理してみましょう。

1　辞書の示す表記は、首尾一貫していない。（例）おかねを使う／遣う。おかねの無駄遣い。おかねの使い道。指す／差す。

2　辞書の示す表記は、実際の使用状況を反映していない。（例）金遣い／金使い。無駄遣い／無駄使い。筆遣い／筆使い。指一本差させない／指させない。

3　辞書の示す表記は、かならずしも漢字の意味と日本語の意味があうようにはなっていない。（例）金遣い。座る（150ページを参照）。

4　辞書の示す使いわけのルールはあてにならない。そのルールがあてはまらないケースが多いだけでなく、当の辞書が守っていないことが多い。（例）使う／遣う。指す／差す。書く／描く。

多くの人は、和語を書くとき、その文脈にふさわしい意味の漢字を使うのがよいと思っています。辞書も同じように考えているらしく、漢字の使いわけ情報をのせています。しかし、それがあまり信用のおけるものでないことは右に見たとおりです。辞書のいうことさえ信用できないのなら、一体どうしたらよいのかと思われるかもしれませんが、実は非常に簡単で合理的な方法があります。和語は漢字を使わずに、かなで書けばよいのです。私たちは小学生のころからずっと、漢字を使って書くことを教えられてきたため、和語も漢字で書かなくてはいけないように思いこんでいます。そのため、「あれ、この『かく』は『書く』でよかったかな」と迷って辞書を引くわけです。しかし、ここで立ちどまって、ちょっと考えてみてください。もとからある日本のことばに対して、なぜ外国語の文字である漢字を使って書く必要があるのでしょうか。しかも、おなじことばなのに、そのときの状況に応じて「書く」と「描く」のように書きわけなくてはいけないのでしょうか。和語を表記するのに、漢字の意味を優先させて書きわけるなんて、ちょっと倒錯的というか、卑屈ではありませんか。倒錯的だろうと卑屈だろうと、それで万事うまくいくのならいいのですが、実際にはうまくいかないので、みな悩むのです。それならば、わざわざ漢字を使わずに、「字をかく」「絵をかく」とかな書きするほうが合理的でしょう。これでなにか不都合が生じるわけではないのですから。

表記は誤読のおそれのないもので、同じことばには、派生語であろうと、複合語であろうと、つねに同じ表記を使うのが理想的です。それを実現する唯一の方法は、和語はひらがなで、漢字語は漢字で書くことです（もっとも、これで問題がすべて解決するわけではないことは、「問題13」で見たとおりです。102ページを参照）。しかし、和語をすべてひらがなで書くと、語と語の区切りがわかりにくく、読みにくい文章になる、という欠点があります。たとえば、「かぜがふけばおけやがもうかる」はわずか十四文字ですが、それでもすこし読みにくい。そこで「風が吹けばおけやがもうかる」と書く。この文では、「風」と「吹けば」は読みがひとつに確定されるので漢字にするわけです。「おけや」と「もうかる」も漢字にして「風が吹けば桶屋が儲かる」とすればもっと読みやすくなりますが、「桶」と「儲」は常用漢字表外の字なので、より多くの読者を対象にするなら、ひらがなにしたほうが無難でしょう。

今はネット社会ですが、ツイッターなどを見ると、非常に読みにくい文章が多くて閉口します。電子機器による漢字変換をそのまま利用している例が圧倒的多数で、和語が過度に漢字表記されていて、複数の読みが可能な文が氾濫しているためです。多くの人に読まれることを前提とした文章を書くときは、辞書またはワープロソフトの変換機能にたよりすぎず、自分の考えをしっかりもって、読みやすい表記を心がけるのがよいと思います。

注　表記の調査対象を青空文庫にしているのには理由があります。当用漢字表（一九四六年）とその改訂版である常用漢字表（一九八一年）が公布されて以降、新聞、雑誌、および一般書籍の多くがそれにしたがい、国語辞典もそれに準拠した表記を示すようになり、大規模な表記の画一化が進みました。そのため、今から見るとやや古いとはいえ、個々の作家が自分なりの考えをもって表記していると思われる文学作品をおさめた青空文庫は、日本語の表記の実態を調べるには非常に都合がよいのです。

おわりに

「はじめに」にも書きましたが、私が国語辞典の問題点に最初に気づいたのは、英和辞典の編集にたずさわるようになった一九八〇年代末あたりですから、今からもう三十年以上も前になります。問題は辞書のあらゆる面に見られ、それをまとめた本をいつか書きたいと思うようになり、すこしずつ準備を進めていたのですが、その過程で見えてきた日本語のおもしろさのほうに関心が移り、辞書の問題とは別の本として、最初にこれを書くことに方針変更しました。十年以上まえには原稿が一応完成したのですが、なかなか納得のいく読みものにならず、文体を変えたり、スタイルを変えたりと、試行錯誤をくり返しました。その結果、五、六種類の原稿ができ、それぞれ十回以上は手直しして、やっと本書の形に落ち着きました。ずいぶん時間がかかりましたが、その分、中身は濃くなったように感じます。特に、「ピアス」と「サンドバッグ」のもととなる英語がなんだったのかが最後の最後になってようやく判明して、それを提示することができたのは幸運でした。

本書の最初の原稿ができたとき、昔の職場の仲間や大学時代の友人・知人の数人に一部を読んでもらい、貴重な感想や助言をいただきました。また、大学時代の先輩の米山順一さんには、原稿をもちこむ出版社を紹介していただき、大変お世話になりました。思えば、出版業界に深くかかわるようになったのも、また、自分では天職と思える辞書の仕事にたずさわることができたのも、米山さんのおかげでした。その米山さんが紹介してくださった開拓社の川田賢さんは、もちこみ原稿をこころよく受けつけてくださり、すぐに出版を決めてくださいました。こうした人たちのあたたかい協力がなかったら、本書が世にでることはなかったでしょう。みなさんに心からあつくお礼もうしあげます。

山田詩津夫

二〇二二年十月二十七日

〈著者プロフィール〉

山田詩津夫（やまだ　しずお）

一九五六年生まれ。国際基督教大学（ICU）卒業。フリーランサーとして、英語の辞典や教材の執筆・編集、翻訳にたずさわるかたわら、イラストも手がける。

著書に『アメリカ人ならだれでも知っている英語フレーズ4000』（小学館）、訳書に『知性の進化――脳と心の潜在能力』（大修館書店、共訳）ほか、編集協力辞書に『ジーニアス英和辞典　第5版』（大修館書店）、『ジーニアス和英辞典　第3版』（大修館書店）ほか、日本語文法とことばについての小論に『創造的日本語論1　自動詞と他動詞』、『創造的日本語論2　形容詞と形容動詞1』、『コンピューターは人間のことばを使えるようになるか』（以上、アマゾンのキンドル本）がある。

問題ですよ　辞書の日本語 ――本邦初公開の辞書のトンデモ日本語案内――

発行日　二〇二三年（令和五年）二月二十三日　第一版第一刷

著　者――――山田詩津夫

発行者――――武村哲司

発行所――――株式会社　開拓社

〒一一二－〇〇一三　東京都文京区音羽一丁目二二番一六号
電話　〇三－五三九五－七一〇一（代表）
振替　〇〇一六〇－八－三九五八七
http://www.kaitakusha.co.jp

印刷・製本――日之出印刷株式会社

ISBN978-4-7589-1311-9　C0081